日本人が知らない 本当の路地裏中国

——乗って歩いた！ 全33省旅遊記

プロローグ

天変地異に遭遇しても

人生は旅のようである。いや旅そのものではないだろうか。
自宅から近くの公園に散歩するときも海外に取材に出たときも網膜に刻まれる映像の記憶とは別に、脳裏に去来するのは異次元の空間を同時に旅行しているがごとき幻想、あるいは錯覚である。そのことに常に囚われる。いつも人生そのものが旅という感覚で、これまでを生きてきた。

二十代から世界の各地を旅したが、バックパッカーのように安宿に泊まった旅も、加齢とともに感受性もことなり、感動する対象も変化して行く。健康で歩ける裡《うち》に行けるところまで旅行を続けようかと時間を見つけると世界のあちこちをほっつき歩いた。

ガラパゴスの海亀《うみがめ》、旧満洲の荒野の夕陽、黄河の泥水と黄砂、上海の摩天楼と郊外の水郷、ＮＹのけだるい夏の午後の五番街の退廃、花の都パリの退屈な朝、外国でも現地食に飽きると日本酒をおく居酒屋や懐かしき寿司バアを探しながら。吉野の桜、高遠城や醍醐の花見、四万十川の鮎、高知の鰹、宍道湖の蜆、氷見の鰤、鹿児島の焼酎。熊本の自然薯……。しかし景色を愛《め》で、杯を傾けながら脳裏に去来したのは西行の詩なのである。

——願はくは花の下にて春死なむ
　　その如月のもちづきのころ

早朝、というより味爽《まいそう》、新聞が配達になる前に起きだして原稿を書くのがこの四半世紀の習慣となった。若いときは深夜族の典型だった。深酒と議論が趣味、いつも帰宅は午前様、食事より大量の酒というのは人生に味がないのと同じ。酒と食事と旅も自己流に嗜むと喜びがあることを知ったのは大病をしたあとで五十路を過ぎていた。還暦を過ぎて孫も四人に増え、人生に大きな感動も無くなりかけていたとき、東日本大地震と津波、福島原発、そしてコロナ禍。幼少の頃、福井地震に遭遇したとき、生まれて初めて天地が揺れる恐怖の体験が蘇った。

東日本大震災の衝撃の映像をみて咄嗟に思い浮かべたのはギリシア神話にでてくるシジフォスだった。

アルベール・カミュは実存主義の随筆『シジフォスの神話』を書いた。シジフォスが神の命令で山の頂きへ大きな岩を苦労して運びあげると頂上から岩は再び落下し、また下山して岩をあげる。その繰り返しという不条理。青年の頃、この箇所を何回も読んだ。これは無常を著すのか虚無主義を示唆するのか、よく咀嚼もできずに、シジフォスの神話が鮮明に焼き付いた。人生って、こんなものかも知れないなぁ。

三陸海岸は記録に残るだけでも中世から何回も津波に襲われ、復旧したと思いきや、次は超弩級の被害がもたらされた。防潮堤は機能しなかった。

しかし自然と共生する信仰がある日本人はあきらめも早い。小林秀雄が比喩した、あの無常の精神が蘇る。地震に遭遇しても諸外国のように略奪、強盗は日本ではおこらず反対に国民の団結がおきた。共同体の復活がみられ助け合いの精神が生き生きと復活した。

中国人が日本に初めてやってきて驚き、且つ呆れるのは日本中どこへ行っても設置されている自動販売機の夥しさ。たばこもお茶もコーヒーも売っている。しかも誰も自動販売機を壊して、なかの現金や商品を盗みだそうとはしない。日本はなぜかくも安全なのか！「あれは囮か」と聞いてくる中国人にとって日本の事象すべてが不思議なのである。

山東省済南の駅前商店街に自動販売機があった。新品なのに壊れていた。すぐに襲われたことは歴然としていた。ＡＴＭは人通りの少ない箇所には設置されておらず、また引き出し額は上限がある。それでも真っ昼間にＡＴＭからでたところを襲われる女性が頻出していてテレビニュースでは対策がないものかと中国人のコメントが集中した。ＡＴＭには偽札も多いことが駐在日本人の間では常識となっていた。だから世界に先駆けて中国はスマホ決済システムとしたのだ。

私は中国全33省を何回にも分けて旅し、新幹線を乗り継ぎ、ローカル線や長距離バスにも揺られ、路地裏をほっつき歩きながら、いったい日本と中国は一衣帯水ではなく、まったく異なった文明であることに改めて気がついたのだった。

なお、この小冊の大方は雑誌『エルネオス』や『正論』、『WiLL』、『週刊現代』などに書いた紀行を加筆した箇所がある。写真はすべて筆者の撮影である。

日本人が知らない本当の路地裏中国——乗って歩いた！全33省旅遊記◆目次

第二章　横行する〝やりたい放題〟
――北京に迫る砂漠、だれも住まないマンション群……

第一章

平気で嘘をつき、嘘を本当にする人々の大地へ

1. 北京から中国「新幹線乗り尽くし」の旅を始めてみた

大動脈の北京―上海は4時間48分

２００７年（※）に北京―天津間を30分で結ぶ中国発の新幹線が開通した。

２００８年８月８日からの北京五輪にあわせての突貫工事、もちろんすぐに乗りに行った。乗り心地もよく、意外と快適だった。従来はバスで4時間かかった区間である。

２０１１年、北京―上海間の新幹線（北京南駅―上海虹橋）が開通した。中国にとって世界に誇る「夢の超特急」と喧伝された。

※運行開始は２００８年８月１日

一番乗りの切符を何時売り出すのか、２カ月も前から北京と上海では鉄道マニアに熱気が迸《ほとばし》っていた。

同年５月11日に実験的な試走の結果、最高時速３８０キロ。北京南駅を９時20分に出発した一番列車のＣＲＨ３８０型「和諧号」は予定通り午後２時８分、上海虹橋駅に到着した。１３１８キロを４時間48分。平均時速２７５キロ。従来線だと寝台特急でも北京南―上海虹橋間は９時間49分かかった（一等寝台は９７７元だった）。５時間もの短縮になる。

米国で言えば距離はニューヨークからアトランタ。米国アムトラックの特急便で18時間かかる。日本の新幹線にあてはめると東

新幹線乗り入れできれいになった天津駅。

京から熊本の距離、ちなみに東京—熊本の最短は「のぞみ」で午前6時15分に出発し、小倉で「さくら」に乗り換えて熊本着が午前11時57分である。５時間42分かかる（２０２１年４月現在）。つまり速度においては中国に軍配があがる。

　中国の「新幹線」の定義となると曖昧で、時速２５０キロから３５０キロのＡクラス。２００-２５０キロのＢクラスに分かれる。いずれも中国では「新幹線」とは呼ばず「高速鉄道」である。

チケット売り場はぎっしり（太原駅）

　当時、中国政府は「２０２０年には高速鉄道が主要な50万人都市の90％を連結する」と宣言していた。

（まさか、そんな夢のような話、実現できるはずがない）と思った。

　日本の新幹線の総営業キロ数は２０２１年1月現在、３０４１キロである。東海、山陽、鹿児島、東北、北陸、新潟に山形新幹線と秋田新幹線を加えての合計である。

中国は2019年末に新幹線営業キロを3・5万キロとした。日本の11倍強である。

そのうえ2021年度に4000キロ増設し合計3・9万キロとする。2035年には7万キロとする。砂漠、奥地、辺境にも新幹線をつないだ。駅舎がオープンしていても、誰も寄りつかない新駅が目立つ。なぜなら旧市内へのアクセスが凄まじく遠い。駅周辺の開発もまるで進まず、暗澹たる近未来が横たわっている。しかし「親方五星紅旗」、だれも深刻に財政的アンバランスや将来の事故を心配している気配がない。

何のために、こういう無謀なプロジェクトを展開しているのかといえば、全体主義の宿痾《しゅくあ》で、いったん掲げられた目標はかならず達成されなければならず、遅滞は許されず、上層部に

上海虹橋駅に到着（時間通り）

は文句も言えず、さらには諫言《かんげん》もできず、だから権力のトップに居座る「裸の王様」は、これが深刻な財政問題を引き起こしていることを認識できていない。それなら予算がある裡《うち》に、賄賂と手抜きを愉しもうということになるのも宜《むべ》なるかな。

北京—上海、広州—深圳、北京—天津くらいが黒字、残りは軒並み赤字だから、経営は最初から無謀、毎日毎日、赤字が累積されてゆく。ついに２０２０年末の中国新幹線の累積赤字は邦貨換算で82兆円強になった。

その昔、田中角栄が日本列島いたるところに新幹線をつなぎ、市電のようにすると豪語した頃、日本のバブル経済はまだ上昇カーブを描いていた。その後、整備新幹線は遅れたが、東京—長野をむすぶ路線は金沢まで延び、現在は敦賀まで工事中。北海道新幹線も２０２１年時点で新函館から札幌を工事中だ。

ともかく中国新幹線の新しい路線が誕生したのだ。すぐに試乗に行った。

北京—上海間、中国では「京滬《けいこ》高速鉄道」と呼称される。日本の東北新幹線グランクラスのように特等車が設けられ、リクライニングは寝台にもなるシロモノ。ただし、このクラスに乗ると往復３５００元（邦貨４万５５００円）もかかる。往路だけ、この豪勢な車両の旅を試みた。週刊誌に原稿を頼まれていたので張り込んだのだ（この試乗記は『週刊現代』と『ＷｉＬＬ』に書いた）。

北京南駅を出発し、天津の西側を抜け、河北省、山東省、福建省から江蘇省の南京を経て最終の上海市まで途中駅は23。これで「環渤海地域」と「長江デルタ地域」の二大経済圏が連結した（「ＣＲＨ」とはCHINA RAILWAY HIGH SPEEDの略で、すべて「和諧号」と呼ばれる。「３８０」は時速３８０キロを意味している）。

通常編成は二等車両が10両、座席数８３８席。一等車は４両、座席数

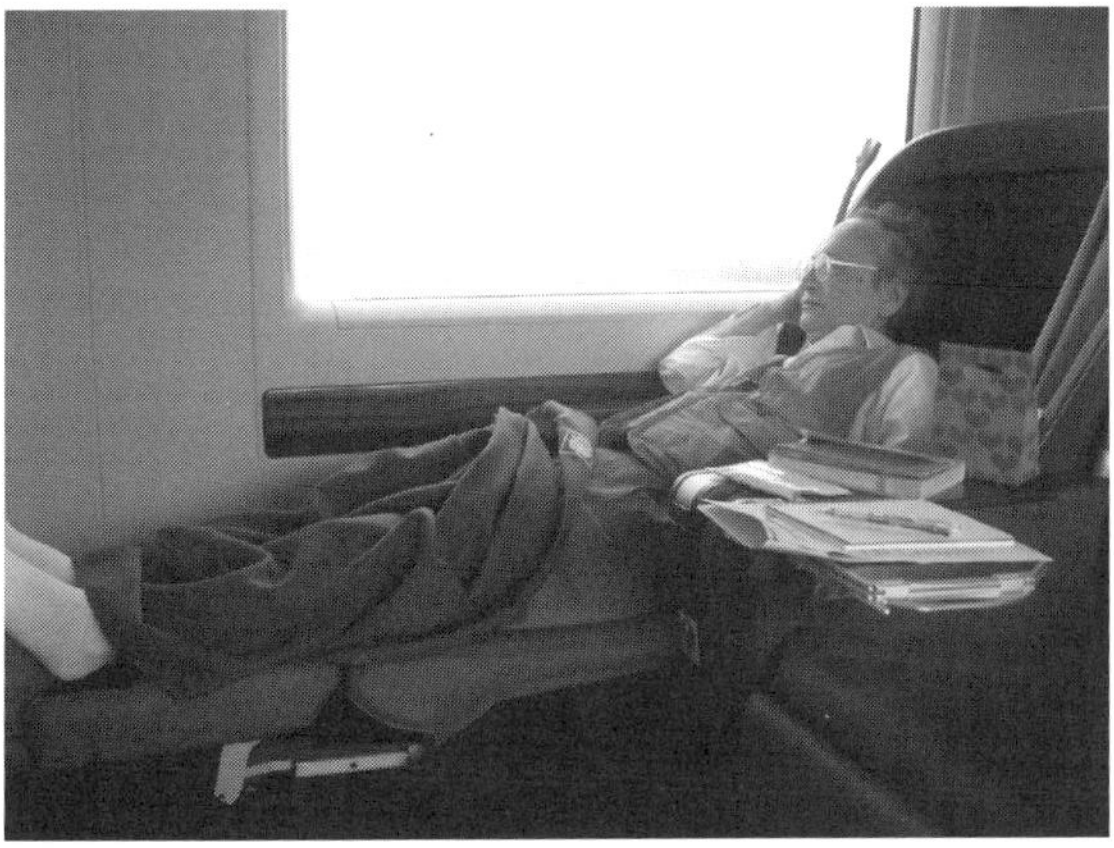

グランクラスの座席は寝台にもなる

162席。くわえて24席の「ビジネスクラス」（日本のグランクラス）が1両、食堂車が1両、合計16両編成となる。これが北京—上海間を1日90往復する。

中国の「VIP」とは時速300キロメートルで走る「G」ナンバー列車の一等席以上の座席（ビジネスクラス席、観光シート席、一等ボックス席を含む）を利用する乗客を指す。

北京南駅から上海駅まで一等席の料金は935元、二等は555元。飛行機の格安チケットは550元前後だから新幹線がいかに高いか。

VIP乗客に提供される特別サービスはなかなかのものだった。

まず駅では一等席以上の座席を取り扱う専用窓口がある。待合室に専用席もしつらえ、列車を待つ間にはカウンターから飲み物や軽食をセルフサービスで摂取できる。新聞の閲覧、無料のインターネット接続、荷物の無料搬送といったサービスがある（一部有料）。列車内では毛布、クッション、アイマスク、タオル、スリッパ、靴収納袋、ヘッドフォンなどの備品があり、飲み物、朝食、昼食、夕食、スナック、新聞が無料で提供される。備品の料金基準は18元、使い捨てスリッパ、アイマスク、ヘッドホン、タオルが含まれる。

「和諧号」はなだらかな流線型の車体は華麗であり、なんとなくわが東北新幹線の「はやぶさ」に酷似している。

鳴り物入りで喧伝され、初日の式典には温家宝首相（当時）が列席し隣の駅まで試乗した。上海まで24の駅はすべて新設である。

笑顔は満点、弁当は最悪

美人の乗務員がにこにこ笑いながら運んできたのはおしぼり（紙タオル）、スリッパ（飛行機のビジネスクラスと同等）、スナック（安物）、弁当も無料とはいえメニューは選べない。味は最悪。とても高級車両で配るモノではない。ご飯のうえに豚肉だけ。ビールは一種類しかない（前鉄道部長の劉志軍の汚職で賄賂を要求し、業者とも結託していたためにあらゆるサービスが手抜きとなった）。

時間競争では飛行機に軍配があがる。

北京の市内から飛行場まで平均で1時間かかる。空港での待ち時間と飛行時間で2時間半。上海空港で荷物待ち30分、それから市内まで1時間。合計すると5時間である。宣伝通りだと新幹線が5時間弱だから時間競争で言えば、新幹線が速いことになる?

実態は異なった。東海道新幹線の「のぞみ」「ひかり」「こだま」と3つに分けて考えてみると分かりやすい。

中国新幹線「のぞみ」型は4時間48分の超特急だが、これ、じつは1日に2本しかない。筆者が乗った和諧号は「ひかり」型で、途中駅の済南、徐州、南京などに停車する。だから上海まで5時間半かかった。各駅停車「こだま」型の和諧号に乗ると6時間以上かかる。

直後に「事故」が起きた。2011年7月23日の温州での新幹線事故以後は、時速を50キロ減速した。その上、列車本数を25%削減した。


中国では切符を買うにも一苦労する。

中国の新幹線は次のような問題点がある。

第一に中国新幹線の目玉である北京—上海は工期を2年も短縮、驚くほどのスピードで完成させたため安全の側面から将来の事故がまだ懸念されることだ。開業から4日間だけでも3回、エンジンのトラブル、原因不明の煙、豪雨による立往生による大幅な遅延があった。

測量しながら、設計しながら、工事を行うという「三ながら主義」は全体主義独裁でないとできない芸当である。そもそも日本のように用地買収の手間がかからず、これだけでも工期を数年短縮できたのだ。

第二に駅舎やインフラが同時並行的に工事されていない。新幹線は開業しても駅舎の工事はまだ普請中、駅前広場はこれからという場所が上海近郊の駅に目立つ。外交、軍事、政治の総合的整合性を欠く中国を象徴するかのようである。

第三に途中駅すべてが新駅だが、旧市内とのアクセスが極端に悪い。たとえば西安新駅、武漢新駅、広州南駅、重慶北駅、福州南駅など旧市内へバスで1時間かかる。乗客はこのことも頭に入れて旅行計画を立てなけれ

新幹線工事現場（河北省）

ばいけない。おまけに北京の出発駅にしても北京北駅、同南駅、同西駅はそれぞれが新築。こちらも市内のホテルからタクシーを飛ばして1時間近くかかる。

第四にサービスが不便で外国人観光客の評判はすこぶる悪い。たとえば駅のセキュリティ・チェックに20分を費やす上、外国人はパスポートがないと切符も買えない。また待合室からプラットフォームにかけてキオスクがない。時刻表を売っていない。駅員はつっけんどんである。

だから開業から3カ月経っても北京―上海間の乗客は2割か3割しかなかった。一等車両はガラ空きだった。

ともあれ北京―上海間の新幹線に乗るために北京の定宿に2泊した。

理由は、その時点で新幹線は人気沸騰、2日後にしかチケットは取れないという噂があったからだ。

外国人はパスポート提示でしかチケットは購入できないため日本から中国の代理店に予約できないので、最初に宿に近い建国門外の切符売り場に行くと、「パスポート読み取り器械がないので北京駅へ行け」と言われた。北京駅で新幹線切符専用窓口を探しだして30分ほど並んで、やっとこさ翌々日のチケットを購入し

重慶北駅も新駅、旧市内まで遠いのなんのって。

た。

翌日は情報通と会う予定だったが、電話すると急用でふさがったという。そこで友人と北京ダックを食べに全聚徳《ぜんしゅとく》へ行った。行列1時間。超満員である。市内ではタクシーがつかまらない。行きも帰りもすし詰めの地下鉄。この時代、なぜ景気が良いのか、不思議だった。

不動産価格は下降に転じており、株式は低迷のまま。しかも北京のホテルは建て過ぎて何処もダンピングの最中というのに、北京の市民生活は景気がよさそうだ。

昼は前門（北京の浅草）も王府井（同銀座）も見飽きたので、新名所の后海《ホウハイ》へ行った。中南海につながる人工湖、その周辺に風情あるレストランとバアがぎっしり、デートコースでもあるが、外国人がとくに喜びそうなアミューズメント・センターの趣がある。人力車が走っている。レトロなおみやげが並び、写真屋がいる。この町外れに「文豪」などといわれた郭沫若《かくまつじゃく》の旧居が「文学館」となっていて一見の価値がある。郭が激動期をいかに狡猾に世渡りできたか、贅沢な暮らしができたかの謎が、ここの展示を見ると解けたような気がした。

旅はいつも「早朝特急」から始まった

試乗日は早起きして午前7時には食事を済ませ、タクシーに荷物を積んだ。早朝だとタクシーは簡単につかまる。

私の旅はいつも「早朝特急」から始まる。北京南駅まで40分で到着したので構内の上島珈琲（中国人経営）でコーヒー、嗚呼、まずくて高い。

上海までの新幹線は左右見慣れた風景が連続し、「これっ！」という新景色はない。窓の外をスケッチしながら時折、電光掲示板を見入る。北京から上海まで

これが駅か。駅です。新装の北京西駅の壮大さ

300〜310キロを維持して見せた。

グランクラスの乗客は企業幹部のようで（といっても24人定員に8人しか乗っていない）、なんとなくムードも贅沢になれた人たち。携帯電話もうるさくない。悠揚迫らぬ態度で新聞を読んでいたり、列車が停車するとプラットフォームに降りて煙草を嗜んだりしている。

途中、やることがなくなったので座席をベッドにして昼寝を試みた。上海虹橋駅に予定通り1分の遅れもなく到着。ただし、この駅から宿舎のホテルへタクシーで1時間かかった。高速道路が渋滞表示、下の一般道へ降りたのが失敗だった。

上海では産経新聞の河崎眞澄・上海支局長（当時）と夕食の約束。シャワーを浴びただけで約束の時間となりロビィで1年ぶりの面談。蒋介石の幹部だったという有力者の屋敷跡が瀟洒なレストランに改造されたというので、そこへ行くことにした。

情緒を感じさせる手入れの行き届いた庭、丹誠込めて作った形跡がありありとしている。ボーイ、ウェイトレスも洗練されている。往年の上海租界の再現か、という雰囲気である。料理もなかなか、紹興酒も上等なものをそろえていた。値段を心配したが、定宿のレストラン並みだった。こういう穴場が上海にたくさん開店しており、上海に中国人の知り合いが居ないと、なかなか情報が入らない。『地球の歩き方』の情報は1、2年遅れである。河崎さんはその後、『李登輝秘録』（産経新聞出版）を書きあげてジャーナリスト根性を発揮した。

上海で誰もが立ち寄るスポットは豫園であろう。浅草のような門前市に買い物を目的の人も多いけれども、突き当たりが大きな庭園になって奇岩があちこちにどかんと置かれていて、このゴテゴテが典型の中国の庭である。日本人の感性でいうとグロテスクだ。

中国各地で「庭園」なるものをあまた見たが、率直に言って醜悪であり、どこにも美がない。日本人と中国人の美的感覚は、天地の懸隔があると実感できるのは、もののあはれを感じないからである。

保田與重郎の次の文章が甦る。

「樹木をきりはらって大造宮をつくりあげた漢人と、自然の緑を尊んで細心の人工に自然を生かそうとした我らの父祖の間には異なるものがあまりに大きい。近々百年にして漢人はこの沿線より原住民を追放したのである。それは一切の崇高な事業によってではない。我々はいま理念をもってこれと対抗している。理念は強く美しく、それゆえにいたはらねばならぬ傷み易さをもっている」（『蒙疆』）

石平の写真随筆『石平の眼　日本の風景と美』（ワック）を通読すると、よくまぁ、こんなに日本の隅々を、それも景色の良い場所を選択し、観察するどく撮影し歩いたものと感心した。

元中国人だから日本の美がいたいほど理解できるのだ。大原三千院、醍醐寺、唐招提寺に龍泉寺、高千穂から霧島神社へと景観の美だけを追っていたのではない。石さんは「自然と文化の中に日本精神」を発見する旅をした。高千穂では天孫降臨から天皇伝統と歴史を考え、城めぐりでは「戦争と平和」を考える。テーマも風景別に、そして四季別に自ずと拘ることになる。石さんが育ったのは四川省。その山河は「美しい田園風景が一面に拡がる場所」だった。が、日本に来るまでは「政治的風景」としてしか捉えていなかった。

故郷を懐かしむのは世界共通だが、中国人は「老家《ラオジャ》」と表現し、ともかく旧正月、国慶節となると民族大移動を起こす。しかし中国人は老家に帰るだけが目的である。

日本にきて、石平は初めて京都嵯峨野、嵐山へ行った。そこで「人生において初めて、美しい風景と雅な世界に魅了され、美しさというものに目覚めた」。爾《じ》来《らい》、デジカメ1台。ときにスマホを駆使して旅行にでると綺麗な風景を納めた。人物や動的な写真、報道写真には無縁の、ひたすら風景だけを撮影し続けた。秀吉が天下を喧伝するために開いた豪華絢爛の花見は醍醐寺だった。

「醍醐寺の西大門から入って、国宝の金堂や五重塔を拝観してから、さらに奥へ進むと、観応堂と弁天堂の間にひっそりとした池が一つあるが、新緑に囲まれた朱塗りの弁天堂のたたずまいが鏡のような水面に映っている。この風景はあまりにも美しい」

水戸光圀公の隠居邸は常陸太田市の西山荘だ。私も吉田松陰伝を書いたときに、水戸学の震源地ではないかと、西山荘へ見学に行ったことがある。水戸からローカル線で常陸太田駅からはタクシーを雇った。

石さんも天下の副将軍「水戸の黄門様」の隠居場に出かけている。現場に立った石さんが、あっと驚いたのは質素な建物でしかないこと、しかし高貴と優雅が周囲を支配していたという。この写真集の光景にある日本文化は「わびさび」である。しかし古代日本の縄文文化は、対極的に動的でダイナミックである。この同じ日本文化の両極性を次回作では論じて貰いたいと思った。

さはさりながら中国の庭園の設計思想はもののあはれどころか、グロテスクで醜悪趣味である。

さて、新幹線駅へ戻ろう。

2. 上海から杭州へ、温州へ

上海―南京、上海―杭州線は同時開通

上海虹橋空港というのは昔の上海飛行場のことである。にじばし、と書いて「ホンチャオ」と発音する。旧飛行場を拡張したうえ大改修し、規模が数倍となったので国内線専用空港レベルから国際線のターミナルも新設し、羽田とを結ぶ便が、コロナ禍前は1日5、6便ほど飛んでいた。あたかも羽田―台北松山を結ぶ路線のように、この便は常に満席に近いドル箱だった。

浦東に新空港ができて市内とリニアでつながると虹橋は国内線専用となり見違えるほどに新改築され、その虹橋第2ターミナルに連結して新幹線の駅をつくり、開業したのが2010年だった。鉄道駅も新築のぴかぴかに輝いていた。

２０１０年の上海万博がおわると、目に見えない変化があった。上海人に一種傲慢な、妙な自信がついてきたことである。

（もう日本なんか相手にしていないゾ）と露骨な態度を示す上海人が増えた。

この虹橋始発駅から上海—南京、上海—杭州と2つの新幹線ルートをいっぺんに開業した。その迅速さ、というよりあまりの拙速主義には舌を巻かされる。

虹橋空港の国際線ターミナルは、昔の上海飛行場の古い建物を利用していた。免税店も貧弱で国内線ターミナルからバスで20分も離れているため、乗り換えにはことのほか不便だ。しかし日本人駐在員らが羽田発、虹橋着を好む理由は虹橋地区に日本領事館があり、古くから進出したＪＡＬホテルも近いし、日本企業が虹橋地区から新古北区に密集しているからである。新古北区なんて、日本相手の食材店、カラオケ、古本屋。惣菜も、日本風のサラダも販売している。回転寿司も数店舗ある。

私は成田から上海浦東空港へ飛び、路線バスで虹橋（旧飛行場）の新幹線駅へと向かった。あとで直近の地図を買って分かったのは同ルートに地下鉄ができていた！（しまった、地下鉄に乗ったほうが早かった）

空港間の連絡バスは2時間はかかると踏んでいたが、道が空いていて50分で着いた。バスには日本人が10人ほど乗っていて、上海から乗り換えで中国各地へ商用で行くことが分かる。かれらも郷に入れば郷に従えとばかり平気で車内でも携帯電話、大きな声で日本語を喋るからすぐ分かる（最近のスマホは文字通信が主流となったので、車内は意外と静かだが）。

いまでは日本から北京、上海のほかに福州、広州、杭州、成都、大慶、大連、長春、瀋陽、ハルビンへ直行便があるが、この新幹線試乗時には上海か北京で乗り換えだった。

新幹線の虹橋駅は壮大な規模を誇るのだが、ロボット世界のように冷たい印象がある。東京や名古屋や大阪駅のように洒落れた珈琲店もなく、レストランや書店は見窄《みすぼ》らしい。

虹橋駅ですぐに杭州行きの次の列車がとれた。

杭州行きは短距離と雖も、十六両編成。途中カーブで5度ほど傾いたが電光版をみたら216キロを出していた。座るとすぐに珈琲を売りに来た。インスタントで8元。クリープつき、おしぼりはくれない。途中の最高速度は346キロを

2．上海から杭州へ、温州へ

達成した。ちょっと怖いほどに早すぎる。

途中の新駅の風景はといえば昔懐かしき田圃道、畔には蛙がいるに違いない。案山子がたって牛馬がいる。前時代的な農業の光景があった
沿線の風景といえば防音壁がないせいで車内から景色を楽しめるが、あちこちにニョキニョキと高層マンション群、ハイウェイ沿いはドライブインがまだ整備されておらず、ともかく広告塔、広告塔、広告塔！

その後、日本からの旅客は急増し、全日空は上海を経由しないで杭州と武漢へ直行便を就航させた。

車窓から景色を見ながら、連想したことがある。新幹線が、意外とがらがらだったことに関連して、ノリエル・ルービニ教授の言葉が脳裏を去来したのだ。ルービニNY大学教授といえば、あの2008年リーマン・ショックを予言した世界的なエコノミストだ。

ルービニは7年前にも中国に警告した。

「中国はGDPの50％を開発に投下している。ソ連の末期と同じように、この異常な経済の構造はいずれハード・ランディングをもたらすだろう」

しかし資源企業ならびに強気のエコノミストらは反論した。「年率経済成長が10％もあり、たとえこのスピードが５％に低下したところで成長することに変わりはない。インフラ整備のため建材、セメント、鉄鉱石需要は衰えることはなく、たとえば向こう10年にあと２億人が都市部へながれこむ予測に立脚すれば、それを吸収する住宅需要があるではないか」

だがルービニ教授は次のように反論したのだった。

「中国が鳴り物入りの宣伝をした新幹線に乗った。上海から杭州へ50分でつながる新幹線の乗客は半分だった。新駅は３分の１が空っぽだった。平行して走るハイウェイは、じつに３分の２ががらがらだった。これは何を意味するか。60年代のソ連、97年通貨危機に直面する前までのアジアといまの中国の状況は酷似している」

まさにその通りの惨状がコロナ以後の中国経済の実情だ。

日本では被災した東北新幹線の沿線風景は防音壁が高いためＭａｘ(※)の２階に乗

※東北新幹線のＭａｘは２０１２年９月28日で終了。

らないと景色がまったく見えない欠点がある。中国ではちゃんと沿線の風景を楽しめる。しかし景観に変化がとぼしい区間では旅客は窓の外を見ないで車内テレビの映画を見ている。たまたまチャップリンの音声のない映画をみたが、著作権が切れた古い映画を上映しているのには興ざめだった。

杭州新幹線は僅か43分、あっけなく到着した。北京―天津間は30分だから、すこし距離が長いだけという感覚だ。

となりの人と喋る時間もない。もっとも一等車内なのに乗ってからおりるまで大声で携帯電話で怒鳴っている人がいる。前席の若い女はずうっと寝ている。通路に足を出しても誰も注意しない。即席麺をずるずると音を出して食べる人も多い。これも中国の日常風景。日本にきた中国人はバスや地下鉄のなかで携帯電話を使わない日本人が不思議だという。ただしいまでは中国でも文字通信が主力となったので大声組はめったに見かけなくなった。

一路「中国のユダヤ人」＝温州へ

杭州から福建省までずっと南下する新幹線に乗るのは翌日に廻し、とりあえず杭州市内で1泊、駅前の高層ホテルに旅装を解いた。この杭州にはアリババ本社もあるが、駅からは随分と遠い。

ダフ屋、旅館の番頭風、あやしげな按摩斡旋（たぶん売春）、得体の知れない飲み物を売るおっさん、他人にタバコをたかるホームレス。

杭州は浙江省の省都だ。ましてや古都であり歴代王朝の首都だった。市内どこでも風光明媚、駅前の雑踏や繁華街の乱雑さからは想像しにくいが、あちこちに湖畔の別荘、かつては自然が美しかったに違いないと思う。地下鉄の工事をしていた。オペラ劇場がある。古典劇を尊ぶ風情が強い土地柄のようだ。

翌朝、早起きして市内を散歩。新聞を買ってぱらぱらめくりながら、ホテルで食事。朝風がつめたい。杭州は3回目だったが、鉄道で市内に入ったのは初めて。駅前の裏道は貧困、パジャマで歩いている初老の人々は饅頭、ねじりパンなどで朝飯を済ませていた。庶民《しょみん》の生活はつつましいのだ。

中国が固陋《ころう》に執着するのは官僚制度である。

一部の特権階級がすべての利権を独占し人民を奴隷化して支配下におくのは、

不変の政治原理だが、宮脇淳子『かわいそうな歴史の国の中国人』（徳間書店）はいう。

「この構造から逃れることができません。独裁体制しか成立しないのがシナの政治風土」。ゆえに、「いまの中国共産党一党独裁体制もシナの伝統」であるとの断定的裁断がなされる。

官僚は字を知っている。古典を暗記しているシナの支配階級は「古典に書かれた内容こそが正統で正しい考え方だということになって新しい発想が出にくい」という抜きがたい体質がある。だから「紙、印刷、火薬、羅針盤はすべてシナ大陸で産まれているにもかかわらず、その発明を活かして社会を改革するという点において、中国は西洋に比べて遅れをとることになったのも、この新しい価値を認めないという、漢字の持っている制約による」（宮脇前掲書）。

中国である国際シンポジウムが開催され、セッションが終わり、宴会となった。ちょっと飲み過ぎて、へべれけとなり同じホテルの部屋まで中国人に送ってもらうことになった。中国人の評価は、これだけで、この人間は駄目とバッテンがつく。「相手に自分をさらけ出してはいけない」のだ。つねに戦争というのが彼らの人生観、他人に酔っての醜態は、いつ殺害されても油断したからということになる。それが中国人の処世であり、外へ出たら敵ばかりであり、最後に頼るのは自分だけ、それなのに見ず知らずの人間に肩を預けるほどに酔うとは、人間失格とばかり、軽蔑しきった目で見られた。その侮蔑の眼光をいまも忘れない。

シナ人は平気で嘘をつき、嘘を本当にする特徴がある。あるとき、赴任地が替わるのでと離任の挨拶にきた中国人。後任を連れて挨拶に回り、「今後とも宜しく」というのが日本のしきたりだろう。ところが中国人はそれをしない。「人脈は自分が開拓した宝であり、なんで後任にこの貴重な人脈をバトンタッチしなければならないのか」というわけだ。

このような乾燥した、計算ずくめの処世は人間不信が基礎にあるからで、日本のように「同じ釜の飯を食った仲間」を友人として遇するスタイルはない。毛沢東の文革、密告制度が破壊されたとはいえ、現代中国人が拝金主義の病理に埋没しつつも基本は変わらないのだ。

だから宮脇さんは言うのだ。「中国人と結婚した日本人は早死にしてしまう」

そんなことを車中に考えているうちに上海と杭州湾をまたぐ35キロの鉄橋（世

界最長）を通過した。寧波《ニンポウ》の手前から新幹線は南へカーブする。一路、浙江省最南端の町、温州へ向かった。

——おっと。この路線はトンネルばかりではないか。

途中、二十数個で数えるのを止めた。山岳、急な山稜、トンネルとトンネルの間、左側に海が見える。しかし海が見えたとカメラを向けると、またトンネルだ。この景色、既視感がある。大磯あたりから熱海、三島へ向かう東海道線の景色と似ている。鬱蒼とした森、竹藪、棚田。農家はすこぶる豪勢、茶畑、トラクター、過疎。そして束の間に田舎風情の景観からトンネルの闇。トンネル内でも247キロ、耳が痛い。台州駅通過は236キロ、メモをとる手も震えるほど。何本か河を渡ったが、海に近いため川面は茶褐色、いたるところで浚渫工事をしている。途中駅から隣席にバングラデシュ人が座った。真っ黒に日焼けして、笑うと歯が白い。たぶんベンガル系だろう。浙江省に出稼ぎにきているという。中国では英語で生活しているが、外国人の世界だけでも暮らせるので不便はないと言った。

温州に関しては特筆しておきたいことがたくさんある。

温州の新幹線駅（温州南駅）は新築、ぴかぴかだが、はやくもタイルが剥げおちた箇所があり駅構内の売店はない。整備が追いつけないのである。エレベーターもエスカレーターもまだ動いていなかった。駅舎だけは工期が間に合ったが構内の諸施設はまだ工事中だった（2011年3月頃）。

コンコースから1キロ近くも歩いて、やっとこさ、バス駅。市内へ向かうバスは2元。道は全部工事中で渋滞。えんえんと車列が埃をあげて、予想した通り温州市内まで1時間かかった。

温州市には製薬、運送業、眼鏡、鋳型、繊維工場が多い。とくに目立つのが眼鏡製造メーカーだ。バスの道沿いだけで5軒。福井鯖江の眼鏡企業、温州から誘致され、親切にも機械設備を持ち込んで工場を開き、中国人に懇切丁寧にノウハウと技術を教え、やがて彼らは独立して類似製品を半額でつくり、日本の顧客を奪った。そのため鯖江の眼鏡産業は壊滅寸前になった。そういう阿漕なビジネスを展開するのが、温州人である。

この乱雑で埃だらけで都市計画の美が1つもないような町が、なぜ「中国のユダヤ人」と言われるのか。温州人の町をあてどなく散策しても、いかなる場所にも富の象徴を発見できず、優雅さも豪壮さも片鱗さえないのだ。

温州駅前の雑踏のなか、空腹でレストランを探すが、ろくなものがない。仕方なくKFCに飛び込み、適当なものを食して店を出る。温州の銀座通りの筈だが、通行人が着ている服装が野暮ったい。若い女性のファッションも田舎くさい。

——そうか、温州人って実務一点張りで外見は構わないんだ。

数年前に来たときも、あまりに乱雑な都市作りに驚愕した記憶がある。映画

温州南駅の物々しい警備

温州市内を走るバス

館、デパートのとなりに煙を上げる工場、ロータリーは舗装されておらず、濛々とした砂塵を透かしてみると交差点の一角に屋台が営業している。町中に石炭火力発電があり、マスクをしても顔がまっ黒になるのに平気である。高級ブティックの隣りが怪しげなマッサージ屋。「小憩」とあるのはたぶんラブホ、「小影」はピンク映画館だろうと推測がつく。いったい都市設計という発想は、この町にはないのかと思った。

結局、温州には泊まらず（宿泊する気力が失せた）、そのまま福州へ向かうことに決めた。

温州南駅へ埃だらけの道をバスに揺られて戻り、次の目的は福建省福州である。切符はすぐに買えた。速度248キロ、途中駅は開発途次の開発特区が多く、工場がぽつんぽつんと建っている。地盤改良工事の現場が夥しい。塩を含んだ海浜工業地帯だからだろう。

この区間だけ車内販売がなく、お茶も飲めず、福州市が近づくにつれ、農家の風格が豊かに見えてきた。6階建ての農家が目に付くので駅名を確かめた。「連江」だった。なるほど、この連江はかつて日本への密航者のメッカだったところだ。

3. 親日派が多い福建省は福州市へ

福州市からアモイ（廈門）へ

こんどは福建省を北から南へ縦断した。このルートは2010年10月に開通していた。

福建省というと日本人のイメージは鄭成功、客家《はっか》の土楼（世界遺産）、台湾人のご先祖、金門島……。

じつは福建省は中国のなかでも珍しいほどの親日派が多い地域である。GDP世界第2位になったとはいえ、福建省では日本にむしろ憧れ、羨望を抱く人々が多い。距離的な問題より親日国家＝台湾が対岸にあり、台湾企業が夥しく福建省に進出したため彼らを通しての親近感がおそらく最大の原因だ。日本人を軽蔑の目で見る上海人や北京人とはどえらい違いがある。

卑近な例でも日本のコンビニで働く中国人に上海人、北京人はいないが、福建人が多い。尋ねてみるとすぐに分かる。「アンタどこから来たのか」と。

愛国と政治主義を露骨にだす北京人やエリート的スノビズム丸出しにして、「日本なんか相手にしないゾ」と粋がる上海人と、福建人はまったく趣きが違って、人間的にも穏和で親切な人が目立つのだ。そもそも上海人は、中国のほかの地域の人々からも嫌われている。

その福建省に新幹線が南北につながったので福州から南端のアモイまで乗ってみることにした。この区間の工事を、中国鉄道部の宣伝によれば僅か600日、5万人で完成したと言う。もし本当ならそれほどの拙速工事では事故が怖い。

開業から5カ月で3000万人を運んだと鼻高々だった。路線は海岸部から山寄りを平均時速200キロでつっ走る。山岳、高原だからトンネルばかりだが、248キロを出す。カーブは緩やかで、そこでも160キロほど出す。途中の駅はほとんどが新築、旧市内とのアクセスが悪いのは他の新幹線と同様である。

上海から延々と新幹線を乗り継ぎ、浙江省の南端、温州から福州南駅へ着いた。上海からアモイへ直行する新幹線もあるが、それはアモイ南駅までしか行かない。

このため福州南駅でいったんおりて、旧駅へ行かないと正式の「福建省縦貫新幹線」に乗ったことにはならない。こうした情報は日本では分からない。現地で実際に乗って確かめるしかない。

新駅の福州南駅からバスで1時間、福州市内へ入り旧駅（福州駅）へとたどりついた。バス路線「K2」の料金は2元（30円）だった。

福建省の省都、福州市には前にも密航者の取材で来ている。景観ががらりと変貌していて新しい街になっていた。20年ほど前にあるシンポジウムで隣り合った莫邦富《モー・バンフ》が言っていた。「半年行かないと、違う街にきたと錯覚しますよ」

摩天楼が林立し地下鉄工事も始まっている。驚くほどの新都心ではないか。駅前にビジネスホテルが数軒、軒を競っている。そこで一番高

新装なった福州駅

層のホテルへ投宿。1泊は388元（5200円）だった。当時の物価水準からいえば高級ホテル並み、部屋から国際電話もつながった。

翌朝、散歩がてら駅まで歩いて自動販売機でチケットをさきに買ったが、すぐに席はとれた。ただし一等しかなかった。

和諧号は定刻に福州をでて青田、泉州、晋江、アモイ北、アモイへと僅か1時間42分。遅れもなく快適な旅、車掌以下、乗務の公安警察も背が高く、女性乗務員は痩身の美女が多い。しかしながら日本のように優しい笑顔はない。おしぼりもくれない。車内の電光掲示には所謂ニュースがない、天気予報もない。「ただいま××駅を通過」の案内もなく、現在230キロとかのスピード表示のみ。じつに即物的だ。

車窓からみた茶褐色の河川には大型の浚渫船、橋梁を渡り、絶壁とトンネルを越え、すぐ側を農道が走り樹木が生い茂り、新駅のすぐ脇はあぜ道、舗装されていない道が農村につながっていた。


ここで福建省のややこしい地形を簡単に説明しておきたい。

日本の東北部を襲ったマグニチュード9の地震と未曾有の大津波、あれと同じ地形のリアス式海岸が福建省を南北に貫いており、むしろ隣町との連絡が悪く、交通手段は迂回路しかない。これまでは隣町へ行くのに「U」の字をひっくり返したルートに頼らざるを得なかった。一昔前まで八戸から久慈、宮古、釜石、陸前高田、大船渡、牝鹿半島、石巻の縦貫路がほとんどなく、西へルートがそれぞれつながっていたように。

この典型の地形が浙江省の温州なのである。温州は三方を山で囲まれているため海へ出るルートしかない。山越えは峻険な稜線ゆえに、軍隊が攻め入るにも難しい。それでも危機が迫ると南宋の頃から人々は海へ出た。明代がピークとなった。それが華僑の源流である。

かれらこそが後期倭寇《わこう》の主役でもあり、また東南アジア一帯をおさえてフィリピン、タイ、マレーシア、インドネシア、ベトナムそして台湾へ渡った華僑のご先祖である（米国への苦力《クーリー》貿易で渡った広東勢の華僑と福建勢の華僑とはまったく異なる）。

日本の東北本線を頭に想い描いていただきたい。岩手県宮古から西の盛岡をつなど山田線は東西の山々を越える。そして宮古から南の石巻、気仙沼への海岸線を走る汽車は難工事、需要もすくなかった（あの震災から9年後に、三陸リアス海岸を走る列車が再通した）。

石巻は仙台との東西ルートのほうが便利だった。つまり南北の交流は不便このうえなく交易は東西間で行われ、手段は川を渡る船だった。これと同様な不便さが福建省の沿海部にあった。川を挟んで両岸は明らかに文化が違った。所謂「閩《ビン》北」と「閩南」は閩江が南北の文化をわけ、南の閩南語が海峡を渡って台湾語となった。

改革開放政策以後、高速道路が造られたが、南北の直線箇所は少なく、山側へ迂回するためにカーブの多い自動車道ルートとなった。新幹線はこれらの難点を克服した。したがって、これからは文化が急激に変化すると予測される。

「蛇頭」の拠点だった長楽の変貌ぶり

もう1つ特筆すべき変化とは次の事態である。

福建省北部の福州を囲む長楽、連江、福清の3都市は一時期、密入国を斡旋する「蛇頭」の拠点だった。密出国の現場をみようと15年ほど前、クルマにガードマン兼ガイドを雇って福清と長楽へ行った。

長楽はドーバー海峡を渡った冷凍車のなかで密航者53人が窒息死していたという痛ましい事件が英国で発生し、世界に悪名が轟いた地である。往時、新鮮な驚きだったのは漁村に林立する「豪邸」だった。3階建て、4階建ての農家群。ガイドに聞くと海外へ出稼ぎにいき、立派な家を建てるのが、この地方の生き甲斐であり、競って豪邸を建てて見せびらかすのが長楽や福清の習俗だと聞かされた。

いまや4階建ては常識、なかには6階建てという豪壮な邸宅（農家）がある。そして蛇頭に大金を支払ってまでの命がけの密航はなくなり、インチキ戸籍をでっち上げたり、ニセ学生になりすまし、平然と飛行機で日本にやってくる。かれらは「故郷に錦を飾る」（中国では「老家に還る」という）という伝統的価値観を忘れ、渡航先に定住する。となると豪邸のならぶ福建省の漁村も、農村も著しいスピードで過疎村へと転落し、昼間歩くと人っ子、一人いない、犬がうろうろとするだけのゴースト・ビレッジになっていたのだ。

福建省を南北に結んだ新幹線「和諧号」では、各駅停車を故意に選んだ。

一等車では座席の上に電源があり、携帯電話、パソコンを使用できるが、車両の設備の安直さ、リクライニングは故障のまま動かない。乗客はといえば品がなく、お喋りに夢中、隣町へ行く客が圧倒的なため一駅、二駅だけを利用する乗客が目立つ。日本の「こだま」のように各駅でどっと乗り降りがある。客が駅ごとに変わる。

福州市内ではシャングリラホテルの近くに毛沢東の新しい石像が傲然と建ち、周囲を睥睨している。ぶらぶら歩いていると日本料理屋に遭遇、空腹だったので、ちょっと湯豆腐に焼酎をつまむ。客は単身赴任の日本人エンジニアが多いようだ。

「この街に常駐する日本人は250人ほどです。電気関係で定年退職したエンジニアが中国企業に雇われるケースが多いですよ。関空と福州に直行便があるので関西出身者が多い気がします」

とたまたま隣席だった初老の某電気メーカーOBの弁だった。

鄭成功は英雄視されている

翌日、廈門《アモイ》へ南下した。

アモイ駅（福州からだと旧駅に着くが、上海からの新幹線に乗ると手前のアモイ南駅になる）。南駅から旧駅までバスで1時間だった。

アモイでは再訪する箇所もないが観光目的で行く人なら、沖合に浮かぶエキゾチックなコロンス島がお勧めだ。

この島にはニクソン大統領も訪問した瀟洒なホテルが残り、鄭成功記念館がある。美味な海鮮料理。砲台跡の双眼鏡から目の前に迫る金門島に台湾兵士の表情まで見える。(※)市内最高級ホテルの1つがマルコポーロホテルで、冒険航海の英雄に因んでいる。

しかしそのときの興味はアモイよりも、是非ともある漁港を見たかった。あの尖閣諸島沖合で日本の海保巡視船に体当たりした暴力船長が船出した深滬漁港である。

福島香織さん（『中国の女』の著者）も数カ月前にこの地へ突撃取材したが船長に会えなかった。アモイでの取材もそこそこにしてローカルなバスを探し、晋江市の南にある石獅市へとりあえず向かった。

石獅市は繊維産業のメッカ、台湾企業の進出が顕著な町だった。女工寮と工場が一括して同じ敷地にあるが、近年の繊維不況により石獅市内は活気がない。経済的には相当に貧乏である。というのもアパレル企業は中国から逃げ出し、多くがベトナムへ、つぎにカンボジアに、そして昨今はバングラデシュに工場を建てて現地で夥しい女工さんを雇った。

※アモイの高台公園、胡里山砲台に設置された双眼鏡からも見える。

石獅市のバスターミナルで、純朴そうな地元のタクシーに乗り換える。深滬まで往復1時間、100元でどうだ？　え、ここからそんなに近いのか等と会話している裡に運転手が気がつく。

「あんた、海外華僑だとばっかり想っていたが外国人だな」

「そんなに海外華僑の里帰りが多いの？」

「みんな出稼ぎに行ってしまった。村々は死んだように静かさ。なに？　日本人かよ。日本人はこの街にいないよ。尖閣諸島へ漁に行った漁港だって？　あいつらそんな遠くにまで行くのか」

尖閣騒ぎのことを、地元の人々は何も知らないのだ。当該漁港の途中、海岸線に巨大なモニュメントが建っている。あれは鄭成功かと尋ねると、「あれは施浪将軍だよ」「え、台湾を軍事占領したあの将軍、施浪のこと？」「そう、台湾を睨んでいる」

この漁港の守り神は航海の安全を祈る福建人の神様＝媽祖《まそ》だ。漁港のど真ん中にやっぱり媽祖観音の大きな石象があり、競りをする市場と漁業組合のビルだけが周囲で高いが、街に人がいない。活気を失ったように静かだ。

「そうさ、みんな出稼ぎでいなくなったのだ」と運転手が経済の貧困を再度嘆いた。

深滬の住宅地は高台にあるが、海岸から住宅地までの一帯は、まるで津波に襲われたように瓦礫の山ではないか。嗚呼、これほどの貧困なら、かの船長もカネで軍事行動の走狗をつとめるだろうなぁ。

イスラムとマルコ・ポーロの街＝泉州へ立ち寄った。

この街では、かねてから行きたいと思っていた「海外交通史博物館」を見学することができた。泉州はマルコ・ポーロが立ち寄ったことでも有名だが、じつは中国に於けるイスラム文化の拠点なのである。墓を見学するとイスラム式が多く、モスクも市内の関羽廟のとなりに残る。

海外交通史博物館はかつて司馬遼太郎が「閩《びん》の道」で見学を推奨した場所だ。中国沿岸部の人々がいかに古代中世から海外とかかわっていたかを一覧できる。注目したのは琉球関係の展示だった。案の定、琉球は中国領のごとく資料らしきを並べていて中華思想まるだしの展示だった。

4．安全神話

インターネットで旅行手配できる時代

ネットで中国への国際線ばかりか、中国国内航空券が買える時代になった。ネットで中国の辺境、奥地のホテルの予約ができ、しかも正規の料金より安い。何時間も駅へ行って並んで買った時代は遠い過去の想い出となった。ＪＴＢやＨＩＳがあちこちの支店を畳んでいる理由がよく分かる。

治安の関係から、中国の新幹線切符はパスポート提示が必要。長距離バスも同様で、ちょっとした都市の駅前でも外国人が泊まれないホテル、旅館がある。地方へ行くと、タクシーは相乗りも常識であり、遠距離の値段は交渉次第というのも昔と変わらないが、最近ではスマホで配車手配が可能になり、黒車（白タク）がやってくる。しかも普通のタクシーより安い。

（変な時代になったなぁ）

私はこれまでに中国に渡ること数十回、香港、マカオ、台湾を含めると200回ちかくも渡航しているけれども体系的に中国の鉄道に乗ることはなかった。台湾の新幹線は何回も乗ったがこれは一本道だし、台北―高雄は僅か90分で結ばれている。

SNSが発達する前は、よく次のような質問を受けた。

「鉄道、バスで到着した見知らぬ土地で、まずどうやってホテルを探すのか？」

「レストランでちんぷんかんぷんのメニューに行き当たったら？」

「足裏マッサージ、本当の値段はいくらか？」

新幹線が中国全土に張り巡らされる前までは、飛行機と中距離バスのほうが便利だった。

鉄道を利用した旅行は場当たり的になりがちで、たとえばトルファン―敦煌とか、大連―ハルビン、孫呉―ハルビン、延吉―図們とか、福州―永定、阜新―赤峰など幹線からローカル線に至るまで方々で鉄道に乗車したが、それぞれの取材目的が異なったので系統的鉄道旅行をしたわけではなかった。

そこで新幹線と名がつく路線のすべて（ただし建設中はのぞく）に乗るという目標を立てた。上海万博と広州のアジア競技大会が盛りあがって、全土に新幹線建設の喇叭《ラッパ》が鳴った頃である。

いくつかの動機があったうえに次の要素も加味される。

第一に日本の新幹線と比べて技術、安全、集客、営業という観点から一種の中国ビジネス論が展開できるかも知れないと考えたこと。

日本で新幹線ルートからはずれてしまった都市がどういう運命をたどったか？　成長と経済発展から取り残されたのでは？　東海道新幹線開通後に、新富士、掛川、三河安城などＪＲに頼らず市民の募金によって新駅ができた。新しく新幹線停車駅を増設した品川駅周辺は三菱グループがこぞって移転したことも手伝い、いきなり新宿、渋谷に並ぶ新都心となった。

北京、上海、広州は別として、これから中国の新幹線が停車する地方都市と通過する都市との格差がどう開くのか。現実には不動産業者が「将来性」を武器に片っ端からマンション群を建てて売りだしていた。その人気はとうに息切れした。新駅はまだ周りが田んぼだ。岐阜羽島のように発展するのだろうか？

第二は「エジソンと鉄道の関係」である。新幹線プロジェクトと沿線事情を、発明や技術ではなく経済情報の角度から比較してみたら如何なる中国像が描けるか。

というのもエジソンが車内に活字工場をセットして、汽車がとまる村々や町々の物価を調べあげ、鶏肉いくら、豚肉いくら、トウモロコシから野菜まで価格を調べて新聞にし、次に停車する街で売った。経済情報の先駆者。関係者は競って少年エジソンの新聞を買った。これにヒントを得て明治時代に益田孝翁が創刊したのが『中外物価新報』、いまの日本経済新聞である。

従来の物価、企業、地域ニュースが、これからの中国ではもっと迅速に伝わり、かの国の経済情報の空間を激変させるだろう。

また流行ファッションの伝播もその速度が早まり、たとえば広州―武漢1000キロは北から南まで、つまり湖北省、湖南省、広東省の地域的特質がどう均質化されていくか、あるいは日本のように平均化してしまうか、地方色が反比例して強くなるのかどうか。興味が尽きないところだ。

中国の鉄道建設コストは米国の1マイル＝4000万～8000万ドルと比較して4分の1から5分の1。ところが設備だけは日独仏などから輸入しているので高い。

そもそも日本の例が象徴するように九州新幹線も青森新幹線も構想から実現までに30年！　新幹線工事は基礎工事のレール敷設まえに地盤を固め、時間をかけてしっかりしたルートの基盤を築く。ところが中国は時間をかけずに拙速工事、しかも手抜きとなると、あとに待つのは？

中国新幹線温州での大事故は予測されていた。まず汚職事件がおきた。鉄道大臣が更迭されたのだ。多額の汚職疑惑で劉志軍・前鉄道相が逮捕されたのは2011年2月だった。高速鉄道建設や設備納入の入札にからんだ、建設業者から巨額の賄賂を受け取っていた。そればかりか劉は江沢民派で、胡錦濤に徹底的に逆らった。

福建省新幹線最大の難所だった海橋（アモイ）

劉志軍が恣意的に承認してきたすべての事前計画を見直し、予算を当初の7000億元（約8兆7500億円）から4000億元へと43%も削減した。これもめちゃくちゃな話だが、そもそも2005年の計画立案と予算化のプロセスが濃霧のように不透明、とくに08年リーマンショック直後の4兆元投入による公共事業の目玉として暫時優遇されたため、鉄道は別という特別な意識があった。

新幹線で最も重要なのは安全性である。

最大の難所だった箇所では工事を引き受ける下請け企業が尻込みした。こういう逸話が残っている。中国水利水電第四工程局有限公司の京滬高速鉄道プロジェクト部の羅卿副総経理（総工程師）が人民日報に漏らした。

「京滬高速鉄道は途中、山東省を流れる大汾河を渡るが、この川底の地質は典型的なカルスト地形。硬い石灰岩体もあれば、溶食されてできた空洞が連続で存在する場所もある。大汾河を渡る大橋の橋脚はそうした地形に基礎材、鋼鉄素材を打ちこまなければならない。地質調査の資料に基づき、橋脚の根入れのための掘削を専門とするチームをまねき、河床下の岩石上に杭基礎を打設する工程を委託した。この杭基礎掘削チームは各種機器・装置を携えてやって来たが、数日後に羅卿副総経理が視察に訪れたときには、作業中の人間は誰もおらず、機器・装置もすべて持ち帰った後だった。あいさつ1つせず、この掘削工事を放棄した」

それほどの難所だった。

新しく鉄道部長に任命された盛光祖は「今後、品質と安全を建設の核心とする」とし「安全最優先」を筆頭におくと会見した。

NYタイムズは「専門家の分析に拠れば、新幹線のコンクリート部分に使われる化学強度剤が不足しており、時速350キロを維持すると数年を経ずしてコンクリートの劣化が進行し、おそらく5年以内に時速を300キロ以下に落とさなければならなくなる」

衝撃の証言は元幹部からも飛び出した。

鉄道省科学技術局長などを務めた周翊民氏が中国の技術紙のインタビューに応じて、「中国が高速化を謳う『独自技術』なるものは、実際上、存在しない。ひたすら『世界の一流』に固執した劉志軍前鉄道相の意向で、技術的な裏付け無くスピードアップに猛進しただけだ」。

中国は日本とドイツから導入した高速鉄道の試験走行で時速400キロ台を記

録したが、その僅かな実績だけで営業運転でも350キロを出す決定がされた。

日本側が協力したが、恩は仇で還された

人民日報によれば「京滬高速鉄道は1000余りのセンサーを搭載。重要なシステムや部位の温度、速度、加速度、圧力、絶縁性能などを常時計測し、運行状態に関する各種情報を集めて運転室のモニターに表示する。制限値を超えたり、運転士から規定時間内に適切な対応がなされなかった場合、監視ネットワークが制御システムを通じて緊急ブレーキをかけ、安全を確保する。列車が一定の制限速度を超えた場合も警報と共に自動的に速度が落とされる」などと謳われた。

しかしながら技術上の難点はまだまだ解決されていない。

日本側はJR東海が、全体のシステムごとの受注でなければ中国に協力しないと態度を鮮明にしてきた。以後、フランス、ドイツなどが技術を提供してきた。

しかしながら日本の車両メーカーは将来のマーケットを考慮して技術を提供した。或るメーカーが「250キロ平均」で車両を提供したところ、それを基に模倣車両を大量生産したあげく、330キロで試走した。約束が違うとして、日中

間では揉めに揉めたあげくに「270キロ以上のスピードで事故がおきても、日本側は関知しない。責任をとらない」とする確約書をとった。

一転、華南を襲う大洪水。半世紀ぶりの豪雨で各地に被害がでて、江蘇省で水位7メートル、武漢は水浸し、成都—昆明間の鉄道土砂で麻痺した。この天災に加え、干ばつ。干上がった農地は700万ヘクタールといわれた。地割れ、湖底、川底が見えていた。ちょっとした豪雨でも数百の死亡、数万、数十万が家を失うのが中国の自然災害。

日照りから、一転した豪雨となり湖北省、四川省、江蘇省などで土砂崩れ、浸水被害。半世紀ぶりの豪雨ともいわれ、各地で道路が寸断され、鉄道幹線が4カ所で寸断された。かと思えば視界ゼロとなる黄砂。

そういえば15年ほど前に上海空港の売店で『大上海沈没』上中下3巻の本がベストセラーになっていたっけ。

5. 成都を起点に

諸葛孔明が動き、劉備玄徳が走った「蜀」のくに

四川省の成都に成田から直行便が開設されたので、オープンの3日後に成都へ出向いた。

成都といえば三国志の「蜀」のくに、劉備玄徳、諸葛孔明を連想するが、別名「天府」と言う。

四川料理に代表される辛い食材、あつい鍋。日本人がもっとも親しい四川料理は麻婆豆腐だ。そのうえ成都が山梨県の甲府と姉妹都市関係にある。理由は盆地という地理的共通性ではなく軍師・武田信玄と諸葛孔明の因縁、共通性からではないか。

成都は人口1700万の大都会（2020年3月の成都市統計局発表数字で

は、人口1658万人。市内人口は1233万人）。

四川省地震は2008年5月12日、死者行方不明が9万人を越える大惨事だった。

被害を受けた住民はおよそ1500万人で復旧が遅れた。しかし震災後に急発展した地下鉄も意外に綺麗で、この町の人々は自立心が高く、独立精神に富むのも歴史的にみて独立国家然として自尊自立の経済圏を形作ってきたからだ。四川省出身の大物は鄧小平である。

成都へ着いたのは深夜になった。

成田からANAの直行便が就航したので、すぐに予約したのだが、到着が深夜になることを成田空港で気がついた。成都空港は深夜でも混み合っていてタクシー乗り場に長蛇の列、まるで不夜城だ。空港は街に近いのに市民の騒音への苦情はなく（あっても御上が弾圧するから声にならない）、24時間営業だ。

成都市内へ向かう深夜バスもある。荷物が多いのでタクシー乗り場へ急ぐ。この列に100人ほどいる。あたりには雲助、白タクが屯していて下品な雰囲気があり、外国人とみるとボルらしい。白タクを断り、長い列について、ホリディインのビジネスホテル・チェーンに旅装を解いた。観光資源でいえば成都には杜甫記念館、武侯祠があるが、これらは以前に来たときに何回かみている。

そこで成都の北にある古代遺跡「三星堆遺跡《さんせいたい》」へ足を延ばすことにした。

ここから長江文明に属する古代の遺物が多数出土し、本格的発掘作業のあと、現場に巨大ミュージアムが建てられた。この博物館を見学に行った。当時、ガイドブックには載っていないので成都でガイドを雇い、車をチャーターしての見学だったが、半日がかりだった。夕食は成都へ戻って名物の「麻婆豆腐」の本店に行った。(「名物にうまいものなし」の典型だったが、これは余計な話)。

三星堆博物館の場所は四川省徳陽市広漢市。紀元前2000年頃の三星堆遺跡は、その後の研究によっておよそ5000年前から3000年前に栄えた「古蜀文化」を代表する遺蹟と考えられる。わが縄文時代に花開いていた土偶や火焔土器の文化と同時期にあたる。

直感的感想を言えば、縄文の奥ゆかしい造型に比べて三星堆の造型は不気味なのである。図柄は図々しく、大振りな構図である。美というより醜悪であり、奇怪である。同ミュージアムの展示室にはジオラマの太陽信仰の宗教的祭壇の想像模型。ガラスケースに夥しく出土したものが飾られているが、なかでも「青銅人頭像」、「青銅人仮面」。とくに「青銅戴冠縦目仮面」は長大な額飾りをもつ異形の神の仮面である。売店にミニチュアを販売していたので購った。ほかに「青銅大鳥頭」、「青銅人大立身像」（この模型も買った）などが圧巻、時間を忘れて観賞した。

軍人は一般市民に席を譲らない

翌朝、豪雨に遭遇した。成都の駅前広場は無蓋で、傘を広げて切符を買うために40分ほど並んだ。重慶行きの早朝特急は満員、売り切れだった。昼前の新幹線の切符がようやく取れた。学生の夏休みとぶつかったためだ。普段の2倍の人混みである。

15年ほど前に、チベットへ向かったとき、乗換は成都だった。空港内に300人ほど収容できるロビィの椅子席を若い兵士が占領していた。ソファーに屈託なく寝そべっている。日本で、もし自衛隊がロビィの椅子席を占領していたら乗客は怒り出すだろう。だが中国人兵士は一般人が何を考えようが平気の面構えだ。

隊長に文句を言おうと思ってスナックをかじっていた若い兵士の1人に聞いた。

「隊長はどこにいる?」

「あ、あそこのバアで酒を飲んでるのが、そうだ」

嗚呼、これほど士気の緩んだ軍隊が、戦争で戦えるのか、と思った。しかも運悪いことに、この兵士らおよそ200名がラサへ向かう機で同じだった。

それはともかく成都駅を時間通りに発車した新幹線は2時間2分で重慶に着いた。一等117元。バスだと5時間かかる。

重慶は喜び事が重なるという意味で、蒋介石の臨時首都だった。毛沢東と会談した場所でもあり、共産党の秘密電波基地もあった。三峡ダム記念館もあるが前にみているので素通り。むしろ重慶では熱くて辛い重慶鍋に挑み、大汗をかいた。坂だらけの街はいつ行っても道に迷う。

当時、重慶特別市の党委員会書記は、かの薄熙来だった。習近平最大のライバル、長身でハンサム、日本企業との付き合いの深さでも有名だった。薄は革命歌

あの悪名高き香港の重慶ビル

これが坂の町重慶

を謳うイベントを奨励し、北京中央に派手な政治宣伝戦に打って出た。胡錦濤政権とは「江沢民の院政」でしかなく、胡錦濤は薄熙来の政治野心を籠めた行動や発言に対して無言だった。

２０１１年７月１日は中国共産党の創立90周年にあたった。このため中国各地で壮大なイベントが行われた。庶民は完全にそっぽをむいて誰も関心さえないという記念日となった。２０２１年７月１日は１００周年を迎える。おったまげるようなイベントを行いそうだ。

胡錦濤時代は政治的環境に幾分の自由があった。習近平時代と比べるとおおらかだった。

重慶市の中央にある人民広場。巨大なアーチ、例によって中国的色彩感覚は黄色と赤である。中国人の色彩感覚は日本人と異なり、緑を忌避する。なぜなら「緑林」は強盗匪賊の意味である。

広場は民主派の集会を禁止するかのように写真展覧会がゴテゴテと、いずれも毛沢東や朱徳、周恩来がいかに偉かったか、国家に貢献したかの展示である。驚いたことに誰も見学に来ていないのだ。

人々があつまっていたのは広場の隣の木陰、歌の練習をしている。それも革命歌ではない。革命聖地と言われるのは延安、南昌、遵義、井岡山《せいこうざん》、重慶あたりだろうが、その重慶でさえ、こんな調子。南昌でも広場にゴテゴテの写真展が開催されていた。

田舎町でも中央の公園で創立90周年記念行事のデコレーションは同じ。誰も見に来ていない事実は特筆しておきたい。

旧市内の重慶駅前の坂道をあがったところにあるホテルに泊まった。となりは

毛沢東と朱徳

重慶の共産党90年展示（人民公園）

快捷ホテルチェーン（東横インとかスマイルホテルを連想）だが、外国人は泊まれない。盗聴装置、ヴィデオ監視装置が装備されていないからだ。

南昌から九江、共産革命の舞台

こんどは重慶から飛行機で江西省南昌へ飛んで、南昌―九江間を新幹線で往復した。

ときどき遠距離の場所へポンと航空機を利用する理由は、この時点で新幹線の開業区間が部分的だったからである。だからパズルのように未整備区間を飛行機で飛ばす必要があった。

南昌からの新幹線は45分で九江へ到達、一等は50元だった。安い。車内は通勤列車のごとく喧噪、携帯電話。消音しないゲーム機をやっている大の男もいる。

まるで日本の通勤電車内の風景とそっくりである。この区間は短くてなにほどの沿線風景もないが、なにしろ「全線乗りつくし」が目的だった。となりの客が珍しく話しかけてきて、「え、日本から新幹線を乗りつくすためにわざわざ？あんた、物好きだねぇ」。

南昌も中国共産党にとっては意義深い街である。周恩来らの最初の暴力蜂起が失敗した場所（八一起義記念館が残る）、かの悪名高い封建制が濾過されずに残存しており、駅の切符売り場に「共産党員専用窓口」まである。この話を上海で中国人の友人（かれは便宜的に共産党員でもある）にすると「信じられないですね。時代遅れですよ。本当ですか」と聞き返してきたほどだった。

いまの南昌の象徴はなにかといえば、奇妙な摩天楼、南昌駅だ。新幹線の発着もこの駅からである。ついでだから駅のてっぺんにつながる鉄道ホテルに泊まった。1泊180元。2階のレストランは座る場所もないほど旅客でごった返していて、仕方なくその夜は近くのマクドナルドで済ませた。急ぐ旅はマックで十分というのが筆者の信条である。

飛行場と市内を結ぶ町並みは内陸部だけに埃だらけ、物価は意外と安い。南昌—九江間の新幹線は満員に近かったことは書いたが、各駅での乗降も激しい。風光明媚な九江は黄河に直面する水郷の街でもあり、近郊に廬山《ろざん》が控える。

党史では「廬山会議」の場所として刻まれる別荘地。しかし中国現代史に興味のない人にとって、その会議の歴史的意義なんぞはどうでも良いことだ。いまや廬山はリゾート地、中国の軽井沢のような避暑地として栄える。なにしろ入山料を100元もとるのである。毛沢東は蒋介石の別荘を取り上げて、ことのほか好んだ場所なので「紅色旅游」（革命の記念地を巡るツアー）の団体が引きも切らない。

新幹線を往復して南昌へもどり、南昌駅前で旅行代理店を探しても見つからず、タクシーを拾って中国民航ビルへ行って格安チケットを手配して貰う。次の路線に乗るためもう1回、飛行機で成都へ戻らなければいけない。

古楼閣が建ち並ぶ都江堰の観光施設は回復していた

さて成都に戻ってここを拠点に四川省大地震被災地へ延びた2つの新幹線を消化する旅程がまだ残っている。

まずは青城山行きに乗って名勝地＝都江堰《とこうえん》を往復した。これはミニ新幹線だ。

古楼閣が建ち並ぶ都江堰の観光施設は回復していたが、観光客は戻らずという感じだ。

この路線は都江堰から青城山まで延びているが終着まで35分で着いてしまう。新幹線というより通勤電車である。それなのに途中駅が7つ、8つあって一駅だけ乗ると7元。一等車でも7元。だから遊び半分、体験ツアー気分で付近のおじさんおばさんも乗りに来るから満員である。

都江堰では風車が回り風情豊かな鼓楼に登り食事をと考えていたが、急流の上に泥水。あの汚水で料理するのかと思うと突如、食欲が萎えた。以前来たときは河原で三国志の映画ロケをやっていたっけ。

次の日は成都から達州への新幹線を途中の南充まで往復した。当時、ここも部分開通だった。成都―南充は1時間29分。一等80元。4人がけボックス席が割り振られたが前の夫婦はひたすらおしゃべり、隣のおっさんはずっとゲームをしていた。仕方がないので、ポケットにいれてきた文庫本を取り出した。となりのおっさんが、チト視線を向けた。

（こやつ外国人か）という胡散臭そうな眼だった。

南充は意外と風情豊か、まわりを山地、高地に囲まれて河川が夥しい水量なので、よく洪水がおこる。古代の巴のくに、紀元前4世紀には開けた由緒ある街

切符売り場も駅前も人で一杯

だ。現在も旧市内の人口は70万人弱。山々にはダムが多く建てられている。確認できなかったが、2020年6月の大豪雨で、ここも大きな被害がでたのではないか。

駅前から歩いて15分くらいの箇所にオアシスのような緑、その公園の向かいにあるカルフールに買い物客が目立ち、KFCにはアイスクリームを求める若者たちが。

旅行の間、豪雨、猛暑、濃霧、そしてホテルの冷房。温度差とくに冷房による風邪を引いてしまった。

ちょうど学生が夏休みに入ったので各地の駅は芋を洗うかのような雑踏と大音響。学生は25％割引、ちなみに傷痍軍人と警察、軍人は公務出張の場合、半額。子供料金と同額だ。

若者たちは政治に関心を示さず、ひたすら帰省の鉄道切符獲得に並び、おどろきは美人の女子大生が堂々と列の横からはいる。或いは並んでいる人に頼んで、自分のチケットも買って貰っている。日本人女性に、このたくましき図々しさはないだろう。

中国的風景でいえば、「横入り屋」という稼業があり、並ぶ列のなかで待ちきれない人から注文をとり、別にひたすら並んでばかりいるおじさんに注文を渡して手数料をとるのだ。それも一件30元ほど。もっと言うと中国での白タクは5割増しが常識で、それから値下げ交渉をする。日本のやくざのように2倍という闇値もあるに違いない。

ともかく30、40分は切符を買うのに待つのが中国的常識と思っているので横入り屋を横目に見ながら猥雑な風景をひそかに愉しんだ。

第二章

横行する“やりたい放題”

——北京に迫る砂漠、
だれも住まないマンション群……

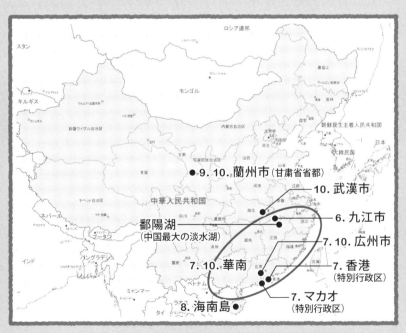

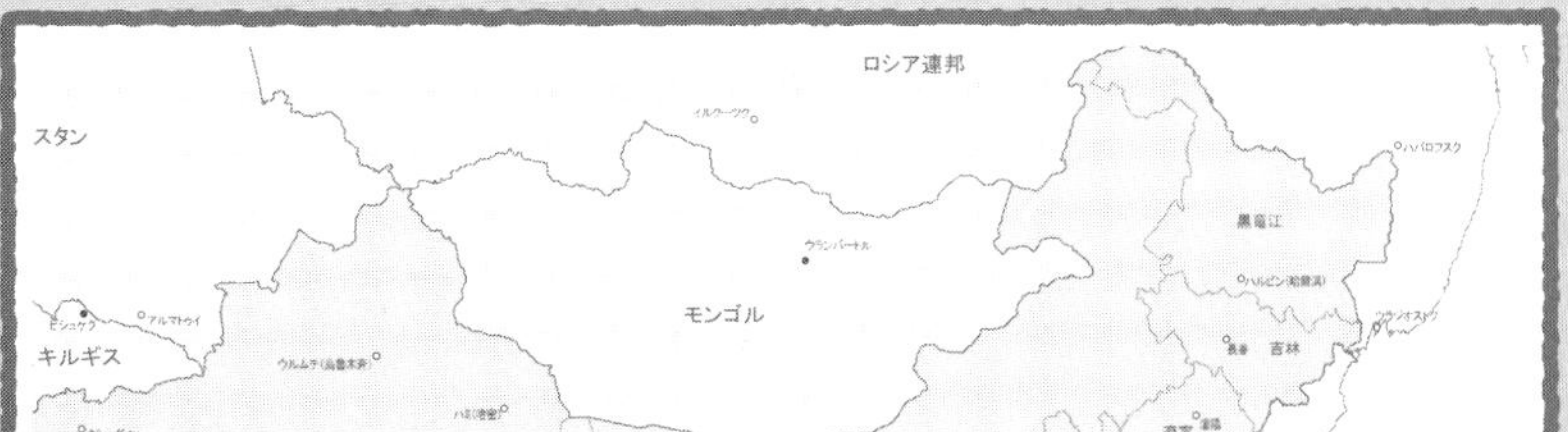

6. 江西省の九江から謎の都市へ

廬山会議ののぼり口、九江は水滸伝の舞台でもある

江西省へ足を伸ばした。

この地方の山岳地帯は内蒙古省と並んでレアアースの産地として知られる。ところが、鉱山技術というより強い薬品を岩盤に流し込む乱暴で粗雑な採掘方法をとるので地下水が毒性に汚染され、深刻な公害問題が惹起されていた。

江西省でも高層ビルの工事現場を詳しく観察した。いやはや驚くことの連続、内陸部開発の頭でっかち。実質ともなわず、ゴーストタウンの徴候があちこちに出現していた。

9つの河が合流するといわれる海運交通の要衝が九江。三国志でも九江を先に奪うかどうかが軍事作戦の要諦だった。

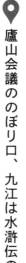

6．江西省の九江から謎の都市へ

この九江は廬山への登山ルートの入り口である。廬山は「中国の軽井沢」と言われ、別荘地にはかつて蒋介石の豪邸もあり、共産党史では「廬山会議」の場所として刻印されていることは先に述べた。

『水滸伝』の荒くれ無法者があつまって酒宴を開いた場所の1つが九江だった。鎖江楼、寿陽楼などが残り、水滸伝の主人公の1人宋江が酌み交わしたという酒壺が飾ってある。記念にと筆者も壷に触れてみた（どのみち、ニセモノに決まっているが土産話である）。

九江は呉魏蜀の三国時代、拠点争奪戦が演じられ、古代から開けた街である。現在、旧市内の人口は60万余。「九」の意味は厳密に9つの河の集合ではなく、多くの河川が流れ込むという意味である。

九江周辺は大河に沿っていくつもの水郷、運河、中国最大の湖＝鄱陽湖《ポーヤンフー》（琵琶湖の6・2倍）と幾多の湖沼、そして支流の河川。水が豊かだが、あまりに豊かすぎて溢れることが多く、毎年のように洪水に見舞われる。だから九江には洪水回避祈願の祠が無数にある。

市内と新幹線駅は意外に近い。

この新幹線開通は九江の経済にかなり重大な影響を与えたようだ。江西省の省都は南昌であり、経済力で逆立ちしても勝てなかったのだが、絶好の地位挽回チャンスが巡ってきたからだ。

取材当時、武漢―九江と南昌―武漢は従来線だけだったが、なぜ内陸の寒村をつなぐ九江―南昌間にさきに新幹線を開通させたか？　あたりをじっくり見学して理由が分かった。これは当時の胡錦涛執行部の執念につながるのだ。

九江に物流、運搬のほか、これという産業はないが、古都ゆえに流通が発達し、地元人民政府は沿岸部の経済繁栄をまねて市街地を大幅に開発し、鄱陽湖畔に5つ星ホテル、中州にはフィンランドが投資する工業団地とリゾートを建設した。現場に立つと壮観である。インフラ整備だけで80億元の予算がついた。

官の投資も巨額だが、加えて民間では外国企業や国内外、とりわけ華僑ファンドが投資している。この点はユニークである。

九江の新開発地区（八里湖新区）の周辺に新しい大学、病院、保育園、ケアセンター、体育館、文化センターなど総合的な新都心の建設が進んでいた。邦貨換算で数百億円を投下し、7つほどスポーツ施設が完成した。5年以内に「300

万都市になる」と豪語しているので、「その予算はどうやって捻出しているのか？」と市幹部に尋ねると「付近の土地を開発業者に売ったので心配はない」と想像を絶する回答があった。

地方政府が企図し、銀行が貸し出し「開発公社」が基盤となる遣り方である。この開発公社への焦げ付きは時間の問題だが最終的にだれも責任を取らないだろう。２０２０年６月現在で、このような地方政府の負債は邦貨換算８４０兆円にのぼるが、誰も気にしていない。想像を絶する凄い神経だ。

中国全土どこでも、ガラ空きの工業団地がある。

インフラは整備したものの交通アクセス、電力、労働力の関係で進出企業がない新興地区がおよそ７０００ある。幽霊屋敷のようなショッピング街、まったく住民がいない団地がある。

鳴り物入りの新都心が崩壊の危機にある理由は、第一に沿岸部からの進出企業が少ない。第二に大学が周辺にすくないため、優秀なエンジニアの確保が難しい。たとえ行政が新都心に移転しても産業誘致がなければ雇用が生まれず、結局は内蒙古省オルドス市康巴什《カンバシ》区（１００万人の幽霊都市をつくって世界に悪名を轟かせた）に代表されるように巨大なゴーストタウンがぽつんと誕生するだけのことになる。

九江とて発展繁栄への確実な勝算があるわけでもなく、とりあえずは土建プロジェクト先行となる。ところが現場に立つと誰もが知覚できるが、八里湖新区にはやくもバブル崩壊の徴候があった。付近のマンション群を見渡せば洗濯物が出ておらず、工場は煙が見えず、ほとんどががらんどう。入居者が極端にすくない。周りの商店街はシャッター通り。もちろん消費者が不在だからだ。

これでは先が思いやられる。例外は低所得者用のマンションだけだった。

謎の都市が開けていた

九江から南へ１時間の場所に新都市がにょきと出現している！

この都市は九江―南昌間の新幹線沿いに位置するが、車窓からは見えなかったので、それ以前の取材では見落としてしまった。

これぞ、共産党中央が異様な力こぶを入れた新都市。共産主義青年団が独自に築城し、全国青年起業基地の別名がある「共青城市」だ。２０１０年に特例中の特例として「市」に昇格した。以前の共青城開放開発区。人口わずか12万人。それまでは九江市内共青区だった地区である。中国で人口が100万を超える市は220ある。人口12万で市とは言えず、正確にいうと、「九江市共青城市」と「市」が2回ダブル。つまり共産主義青年団の看板都市、換言すれば胡錦濤の目玉。だが頭でっかちの党幹部が都市を運営できるのかな？

IQは高くてもイデオロギーにこり固まった政治青年らが都市経済を運営できるのだろうか。この地には民主化のシンボル＝胡耀邦の墓がある。だから共青団出身の胡錦濤総書記は批判などお構いなく予算とエネルギーを注ぎ込んだ。

街へ入った。「共青城市」は町作りも異様である。軍人かと思いきや軍服を着た青年団が町を隊伍を組んで早足で行軍している。きらびやかなネオンもなく、娯楽施設が乏しい。市内にはカラオケ店を見かけない。

30万都市を目指す共青城市のモデル展示

共産党青年団の根拠地「共青城」市郊外にある胡耀邦の陵墓

市内からバスで30分の小高い丘に胡耀邦記念館と御陵（耀邦陵園）が広がっていた。

胡耀邦は湖南省出身だが祖父が江西省の生まれ。胡耀邦の遺言に「江西省のどこか、風水のよい場所に埋蔵せよ」とあって、当時政治局の有力者＝李瑞環が埋葬行事の音頭をとった。死去から2年後の１９９１年に名誉回復があり、この地に墓が建立された。

中腹には胡耀邦と親密だった中曽根元総理が寄贈した追悼碑も建立され、５万坪はあろうかと思われる広い御陵に花壇と73段の階段、墓は巨大な肖像入りの碑で石材が73トン、いずれも胡耀邦の享年73歳にちなむ。花輪が絶えず参詣者が多いので記念写真屋も店開き、記念館には胡耀邦伝記、ＤＶＤなども販売している。この光景は驚きだった。

北京中央では共産党政治の邪魔者扱い、決して評価されていない胡耀邦が、江西省の片田舎では孫文のごとき広き御陵に祀られているのだから！

共青城市は、それほど鳴り物入りの新都会、共青団がカネとエネルギーを注ぎ込んでいるのであれば新開発の工業団地を視察したい。市役所の広報部職員が案内してくれた。

工場見学が許可されたのはダウンジャケットの製造工場だった。ユニクロの広告をみると、この同じタイプのダウンジャケット、日本では5900円台だ。

最新の欧州デザイン、その年の流行色は黄色とピンク、800台のミシンに従業員は2000名。つぎつぎと手際よく流れ作業だが、若い男女が一所懸命に作業している。さぼる気配がないのも「能率給与システムが奏功しているからです」と工場長（女性）が言った。月給は4000元！　この当時の沿岸部の工場並みだ（2021年現在、大学新

ダウンジャケット工場、若いが月給4000元とか

卒でも3000元)。これが国有企業の1つ「鴨鴨羽絨服」の輸出で潤っているのか、工場全体に活気があった。

次に赴いたのは団地中央の誘致案内センターだった。

ここには将来の町の見取り図がミニチュア模型で展示されており、「人口12万の共青城市は5年以内に30万となります」と意気揚々たる説明があった。

このために320億元(邦貨換算4200億円弱)が投資された。見学から8年の歳月が流れたが、人口は12万人余のままである。

学校が多いためエンジニアや若い労働者が得やすく、当時、北京中枢を牛耳った共青団の故郷ともなれば、胡錦濤政権が武者震いして開発を支援した。

九江では長距離バスターミナルに近い繁華街の安宿に泊まった。廬山会議の現場には九江からバスで1時間、箱根の山のような風光明媚な景勝地で豪華な別荘が建ち並び、その中腹に廬山会議記念館が残っていた。

古い建物のまま、耳をつんざくような大スピーカーが国歌を流している。

「毛沢東館」なる建物は、何のことはない、蒋介石と宋美齢の別荘を乗っ取ったもので、「蒋介石が座った椅子」と称する椅子に座って記念写真を撮ると10元とられる。玄関脇に公衆便所があって、これも「蒋介石が使った厠」という説明。蒋介石を貶める宣伝材料に利用されている。対面の小高い場所に小ぶりながら瀟洒な洋館、「周恩来宿泊所跡」という看板があった。

展示は劉少奇、彭徳懐の対立に触れておらず、毛沢東神話のみ。孫文の写真も飾ってある。なにしろ展示パネルの配列は共産党の正当化が目的だから、中国人観光客もほとんどは権力者が勝手に改竄した「歴史」を真剣に見ている気配なし。記念館前の記念撮影、これまた一枚10元。激しく、勢いよく俗化していた。

州をまたぐと陶磁器のメッカ＝景徳鎮があるので立ち寄った。偶然、景徳鎮市の郊外で「世界陶磁器博覧会」の最中だった。こちらのほうは買い物客で凄い人出、展示品には九谷焼なども混ざっていて人気の的になっていた。

景徳鎮は要の粘土がすでに払底し、ほかの省から輸入している。しかし「陶器なら景徳鎮」という固定概念、その名声だけはいまも響き渡り、世界中の富裕層が唸るほどのカネをもって買いに来るのだ。

7. 広州から華南へ南西へ

あの事故から10年の歳月が流れた

世界に衝撃をあたえた中国新幹線事故（2011年7月、温州近郊）の後も、ひたすら全線踏破のためにどこそこ区間が「開業」ときけば、そこへ飛んで新幹線に乗り続けた。

「さあ、これで全部乗った」と思いきや、またも次の新線が開通しているので際限がないのである。この原稿を書いている2021年1月時点で営業キロは3万キロだが、2021年内に中国新幹線はあと6000キロを増設するそうな。それゆえ目の黒いうちに「全線踏破」という目的は達成できそうにない。

さて次に珠海―広州につながる新幹線に乗るため旧ポルトガル領のマカオへ

入った。香港からフェリーで1時間。3年ぶりのマカオは繁栄の最中、どえらい高層ホテルが林立しているが、これすべてが24時間不夜城のカジノである。

マカオのギャング団は返還直前の1996年まで血で血を洗う凄まじい抗争を繰り広げ、真昼からピストルを撃ち合い、ダイナマイトを投げ合った。99年12月、マカオ返還とともに中国人民解放軍が進駐するにおよんでようやくヤクザの抗争は沈静化した。

1999年までマカオのカジノと言えば、98歳で大往生を遂げたスタンレー・ホー（何鴻燊）一族の独占場＝リスボア・ホテルしかなかった。2002年に新築カジノの入札が行われ、外国資本の参入が認められ、爾後のマカオは世界一の博打場になった。24時間、きらびやかなネオンが輝き、町は不夜城。ホテル内のカジノではてしなく勝負が続き、チップが飛び交い、小銭をもうけるとロシアから出稼ぎに来ている美女を買うか、女性ならアーケードに並ぶプラダとかグッチの店へ飛び込んで買い物。負けると近くに林立する「押（質屋）」へ宝石やらバッグをもって飛び込み、続きをやる。

ちびちび賭ける人たちは食堂で朝までトランプ、一夜があけると大半はすごすごとホテルからの無料バスで中国の国境・珠海へ向かう。「虚栄の市」などという比喩は生やさしく、カネのためには生命を賭けるちんぴら、殺し屋もうごめく。

このように稀有のカネが唸る場所を中国共産党が手離す筈がないだろう。江沢民派、団派、太子党入り乱れての利権獲得戦争が花開いた。しかし広東はもともとギャング、青幇、紅幇、マフィアの「三合会」(「洪門」)の本場。「14k」や「新義安」などが集結する香港の古巣へ戻ったか、マフィアの本場＝広東省の地下へ潜った。これらマフィアは清朝末期、漢族の栄光を回復せよとしてできた秘密結社が母体で、その後、国共合作、内戦の間にも党派闘争を繰り返し先鋭的になった。

現在の広東マフィアは14K、新義安、和勝和などが有名である。殺人、麻薬、売春、恐喝、高利貸しなんでもありの世界。これらを総称して「トライアド」(三合会)という。香港だけで57団体が確認されており、その凶暴性は日本のやくざを遙かに超えて、イタリアのマフィアもびっくり。そのうえ、日本に進出してきたから札幌すすきのはチャイナタウン化し、新宿歌舞伎町は「華武器町」となった。後者はそのうえ、コロナの集団感染でまた悪名が高まった。

一方、中国政府はマカオの「安全」「安定」を強くのぞんでいる。なぜなら民衆の不満のガス抜きのために絶対に博打場は必要な上、高官らにとってはマカオ出張でギャンブルに勝つと（たいがいは意図的に勝たされることになっているのだが）、なぜか「証明書」をもらえる。つまり合法の賄賂受け取りとなり、この利便性を失いたくないという思惑も働いている。

マカオは香港と同じく「一国二制度」の特別行政区。マカオ憲法は全人代できめた間接選挙で、もちろん行政長官は北京寄りの人間が選ばれる。経済繁栄の裏側の実態である。

博打好きの中国人が大陸から陸続とカネをもってマカオへやってきた（コロナ発生前まで、じつに年間2800万人）。ホテルも土産屋も飲食店もほくほく顔。タクシーがどえらく高い料金なので不平を漏らす客が多い。

マカオ本島にはラスベガスの御三家のうちMGMとウィンが、マカオのタイパ島にはサンズがそれぞれ豪華ホテルを開業した。博徒は賭場を「はしご」する。「あすこの店は（玉が）出る」と噂を訊いて違うパチンコ店に駆けつける心理と似ている。マカオ全体が競合市場だ。

ポルトガル植民地の遺風がのこる観光拠点も多いが、些末なことでいくつか驚きがあった。日本語のガイドブックにも出ているレストランなど、食事に行くと若い女性がワンサカ、案内書片手に名物を食しているので、てっきり日本人と思ったら韓国人だった。

香港でも同じ現象。つまり日本人がいなくなった分を韓国からの観光客が埋めている。彼女らは日本語をそのままハングル訳したガイドブックを持参しているから日本人と同じ名物を買い、おなじレストランへ行くのである。

店に入っても「コリアン?」と訊かれる。ただし韓国の女性は中国人女性と同じく、たばこを吸わない（少なくとも男性の前で）。日本の若い女たちより洗練されているように感じたのは錯覚かな?

マカオの激変ぶりに感心しながら国門にいきつく。ここで出国手続きをして、国境をあるいて渡り、広東省へ入国した。機械化がすすみ出入国手続きがたった5分で終わる。以前は1時間かかったから劇的なほどの変わり様だった。居住民はＩＤカードだけで、地下鉄の改札機のように、読み取り機に触れるとさっとゲートが開く。

時刻表は何処を探しても売っていない。だから駅でまごつくことが多い。

広州へのゲート＝珠海市内に入っても国境から新幹線の駅まではタクシーで40分かかる。これも不便きわまりないが、いまはバスが海底トンネルを越えるルートができた。

タクシーは１１００円。タクシーの安い中国では異例の高額。なにしろ新幹線料金は36元は日本円で４６０円ですからね。

そうしたアクセスの悪さを嘆いていては中国で新幹線には乗れない。事故も恐れては乗る気にもなれないだろう。２０１１年8月31日にも四川省達州発成都行きの高速鉄道が遂寧駅の付近で突如停車し、煙を上げる事故があった。現地のメディアによれば乗客がパニックに陥ったという。そのまま列車は動かず、後続がとまって大混乱になった。

この事故があった成都―達州間はＣＨＲ旧型車両が投入されており、最高時速２５０キロと謳われたのだが、温州事故以後、１６０キロで走行していた。

さて珠海北駅へ着いてホームに入ってきた新幹線車両に「えっ」と声を上げた。まさにCHR旧型。ボンバルディア製だからスピードはでない。緩慢な速度と聞いて、かえって安心感があった。

珠海（北）―広州（南）の新幹線は二等が44元だった。100キロ弱という短距離なのに外国人はパスポート提示。中国人は実名記入というテロ対策は変わらない。同様な措置が各地でとられ、時刻表は頻度はげしく、しかも大幅に改編されるにもかかわらず何処を探しても時刻表を売っていない。だから駅でまごつくことが多い。同ルートは100キロ弱の距離を50分ほどで走行し、途中に7つも8つも駅がある（筆者の乗った日の最高速度は195キロだった）。各駅停車。あたかも華南の通勤列車のごとくで乗降客が凄い。駅はすべて新駅、まわりは荒れ地だ。

沿線は新開地、農地、養鰻場等もあるが、新しい団地に引っ越しの気配がない。椰子の木は南国特有の風景だ。水郷、こんもりとした緑をみると安堵する。湿地帯をぬけると山稜を削って赤土が剥き出しの地区がある。ぽつんと新築のセメント工場があった。

7．広州から華南へ南西へ

広州南駅へ着いてまた5つほどの衝撃があった。

この駅からは武漢と珠海しかつながっていないが、いずれ広州―深圳―香港と広州―アモイがつながる。そのため4本の別のプラットフォームがさきに完成していた。

第一の衝撃は、その前年夏に来たとき、まだ未完成だった地下鉄が広州南駅に乗り入れていた。工事の迅速なること！

第二に広州での定宿「花園ホテル」の地下にも地下鉄の新駅ができていたことである。それを知らなかったから途中の駅でおりて歩いた。事前に知っていたら地下鉄を乗り換えて広州南駅からホテルまで行けたのだ。

第三の衝撃は広州市内ではタクシーがまったくつかまらない。ホテルで1時間待ってもタクシーは来ない。盛り場でも乗換駅でも同じ。かのバブル時代の銀座・赤坂に酷似している。このため市内へでるにしても、毎日、地下鉄とバスを乗り継ぐ仕儀とあいなり、滞在中、ただの一度もタクシーに乗らなかった（というより乗れなかった）。

第四にホテルのレストランが超満員、予約しないと食事もできない。この信じられない繁栄はいったい何だろう？　そこで広州をそそくさと切り上げ、一部のアポは電話で用事を片付け、香港へ向かう予定に切り替えた。Uターンである。

幸いにもホテルから広州東駅まで無料の送迎バスがある。

広州東─香港間の鉄道は既存ルートだけでも2つあり、一方は広州東から深圳までの新幹線「和諧号」。これは10分ごとに発車していて香港との国境まで行く。便利この上ない。したがって常に超満員である。

第五の衝撃。広州東駅は新改装増設されていたが、1階が長距離列車と新幹線が棲み分け、2階が国際列車だ。これが香港への直通便。駅に着いて40分も余裕があれば次の列車に乗れると考えたのが甘かった。次の列車は満員のため3時間待ちで「次の次」と言われる。咄嗟に1階へ下りて新幹線の列に並ぼうとして軽いめまい。切符売り場までに500メートルの長い列があるではないか！

しかも三重四重の列だ。

しかたなく2階の切符売り場へ戻り、香港への直通特急列車を待つことにした。空腹でもないのに早めの昼飯を取った。広州東駅から香港への線路に沿って新・新幹線ルートを併設するのも、こうした満員状況の緩和を計ろうというわけだ。

2021年現在、広州東―香港ホンハム駅の131キロは1時間で結ばれている。最高時速350キロを出す。香港に関しては、すでに拙著『チャイナチ』（徳間書店）に詳細を長いレポートにしているので、ご興味の向きは当該拙著を参照していただきたい。

8. 海南島へ

流刑地だった島、南海艦隊の拠点にして潜水艦基地となっていた

海南島の南端に拓ける三亜へ飛んだ。中国共産党が「中国のハワイ」と喧伝しているが、昔の流刑地である。

直近の情報ではコロナ以前の2割程度しか、観光客は回復しておらず、また外国人はゼロという。

防衛関係者にとって海南島が意味するのは中国海軍の潜水艦基地であり、地政学的な要衝である。2001年4月には米軍偵察機の強制着陸事件の現場ともなった。

戦前、日本軍はこの海南島に巨大レーダーサイトを山のてっぺんに建設し、島の西側に鉄道線を敷設した。10年前まで、この路線にはSLが走っていたが、そ

の蒸気機関車は当時の日本製だった。

海南島に新幹線が開通するはるか前のことだが、このＳＬを撮影した。町中を、カメラをさげて歩いていると軍人が注意する。

「カメラをバッグにしまえ」と居丈高。顔をのぞき込むとニキビ面、18才くらいだった。

「なぜ？」

軍人は無言。あとで分かったのだが、この町は軍事機密に属する施設が多いのだ。


海南島のやや南の山の麓までバスで行ったことがある。ピンクの椅子をならべてのオープンカフェがあった。中国の装飾は朱と黄色、緑は好まれないが、ピンクというのは珍しい。リゾート色である。米国フロリダ州のキーウェストあたりではタクシーもピンクだ。日本では往時カップル専用のホテルの装飾だった。

中国人は欧州人と同様に緑を好まない。欧州では緑は森を意味し、ロビンフッドの象徴、つまり山賊、匪賊たちの住み家である。中国で「緑林」とは盗賊の意味である。「緑林白波」は兇漢な匪賊集団の意味である。革命集団となった匪賊は紅巾、もしくは黄巾の乱とよばれ、古代から緑の鉢巻きを使わない。都知事が聞いたらびっくりするだろうなぁ。

麓の町には某某賓館しか、ましなホテルはなく、そこへ泊まると幽霊屋敷のようで、広い食堂に客は筆者1人だった。

山菜料理くらいしか、まともなメニューもなく、従業員は閑を弄び、あくびをかみ殺しながらも、じっと客を観察している。食後、付近の屋台でビールを飲もうと外へ出たが、街灯のない闇。店はすべてシャッターを下ろし、漆黒の夜に沈んでいた。

ようやく屋台をみつけ、冷えていないビールと聞いたことのない銘柄のタバコを買って部屋へ戻る。騒音のない、静かすぎる環境だった。メモを取らないまま疲れていたので熟睡できた。

翌朝、チェックアウトのときに別棟からアベックがでてきた。若い軍人と情婦のような組み合わせ、そこで気がついたのである。このホテルは軍人専用、どうやら軍の経営らしいことに。

午前7時前に、この麓の町は活気づき、朝飯の粥をだす屋台が数軒、バス乗り場まで歩いたが、なぜか、町に子供の姿がない。雑貨屋とか粗末な玩具やゲームを売る店がない。

7時半頃にバスで山を下りて3時間ほどで三亜へ戻る。沿線風景は典型の田んぼ、農家、牛馬に時代遅れの耕耘機。猫背の老人農夫がとぼとぼと歩いている風景があった。

「東洋のハワイ」という海南島へ15年ほど前に最初に行った目的は北側の海口にホンダのバイクの偽物工場があったからで、その取材だった。思い出した。当時、海南島はアライバル・ビザがとれた。ほかにアライバル・ビザはアモイだけだった（それも行ける地域は限定されていてアモイ周辺に限定された）が、海南島でのビザは「全土どこへでも1カ月以内なら可能」というスグレモノで、飛行場でたしか25ドルだった。海南島の観光に力を入れるため特典を用意して、「海南島へいらっしゃい」のキャンペーンを開始した頃だった。

数年の時間的間隔を置いて再訪すれば、ぼつぼつと別荘も建っていた時代と比べると、驚いたの、なんの。ドバイの7つ星ホテルに似た海豚のかたちの豪華リゾートホテルを高台の海側に、いきなり4つも建てた。2020年6月の中国の発表では、海南島に免税特区を造成するそうな。

着陸時に三亜の街全体を俯瞰したが（こりゃ、ラスベガスとマイアミを足したような、中国最大のリゾートじゃ）。

島を南北に縦断するルートに新幹線を無理矢理造成した理由が分かるような気がした。途中の東海岸にはボーアオという有名な保養地が整備されており、ここで毎年「ボーアオ会議」が開催され、中国要人と外国からの賓客がスピーチをする。日本からの常連は福田康夫元首相らである。

三亜にも砂や風に耐えるリゾートマンションと豪華ホテルが林立し、会員制の豪華クラブまでそこら中に。それこそシャングリラ、シェラトン、ホリディイン、マリオット、マンダリン、ヒルトン、ウェスチン……。ないのはJALとANAのホテルくらいだ。

海水浴客でごった返す三亜の旧市内の繁華街も中国版のハワイそのものだ。しかしながら土産屋、エンタメなどのインフラがととのわず、とくに観光客用の洒落たバー、サパークラブ、南国風の雰囲気たっぷりのレストランは貧弱。だが客

空から見た三亜の壮観。摩天楼ラッシュ

南国らしい三亜市内

の95パーセントは中国人だから、ま、いいか。

リゾートも1000棟、数万戸は建てたのだろう、数年前から売れ残りダンピングを始めている。不動産屋の前にたって物件のビラを眺めていると店員が飛び出してくる。客のいない証拠である。

中国の若者たちは日本人と同じく倫理観を失っている

というわけで中国各地では駅前に新設のビジネスホテル（1泊200元以下だった）に泊まり歩くことが多いのだが、三亜だけはそうはいかず（なにしろ中国のハワイにいるのだ）、市内中央のビジネスホテル兼リゾートホテルに飛び込んだ。

シーズンにちょっと早いせいか350元（4200円くらい）だった。予算的にはちょっと高いが、スイートルーム付きの部屋しか空いてなかった。ホテルのショップには安物のアロハシャツや海水着、ゴーグルなどが並んでいた。ビーチサンダルは中国とは仲の悪いベトナム製だった。

このホテルの受付には派手な半袖の若者たちのカップルが犇めき、値段の交渉をしている。訊くと大学の同級生同士、アベック同士の2人組。女子学生はなかなかの美人。なるほど中国にもこういう手合いが増えていることが如実に分かる。最新の風俗と倫理観の欠如は日本とあまり変わらない。

夕食は海岸沿いをデジカメ片手にそぞろ歩き、まず日本人は敬遠する清潔とは無縁の屋台でビールと現地料理を食べた。食堂は一家の経営で高校生の娘が、しきりと話しかけてくる。日本人がよほど珍しいらしい。ともかく海南島は移住者ばかりだから、広東語ではなく北京語が通じるのである。

経営者の奥さんは「ここは1月から3月がピーク。夏も海水浴でにぎわうけど春秋はさっぱりね」と言った。屋台のまわりの卓は現地の人たちが強い酒を飲みながら博打をしていた。マオタイではなく安物の白酒だから強い臭いで分かるのだ。

翌朝、バスで三亜の新駅に向かう。雨がぱらつきはじめた。新幹線駅はアーチ型の奇をてらう建物だった。なにしろ遠い。旧市内から優に1時間。飛行場と同じ距離ではないか。バス運賃は4元（60円）だったが。

自動販売機にまごつく中国人乗客

さて海南島の南北を結んだ新幹線に乗る。新装ぴかぴかの三亜駅で海南島の北の入り口、海口までの切符を買った。ここでは10分も待たないで買えた。自動販売機は外国人のパスポートを読める機械が内蔵されていないため窓口に並ばざるを得ない。

ようやく三亜から海口へ海南島を縦断する新幹線に乗ることができた。乗車率は半分程度、その半分が家族連れの行楽客である。

以前に来たときは逆コースで海口から長距離バスで三亜まで7時間かかった。新幹線、1時間36分、一等、105元。各駅停車は2時間7分。ところが一等は114元と、いってみれば「こだま」の料金が「ひかり」より9元高い。日本とあべこべである。

島の海岸部からすこし山側を突っ走るのでトンネルが多く景観を楽しむことがなかった。途中から雷雨、車窓どころではなくなった（2021年1月現在、この海南島新幹線は西側もつながり、山手線のように環状線となっている）。海口の新幹線駅（海口東）から市内まで、これまた40分ほど。タクシーではなくバスを選んでゆったりと市内の景色をみた。時間の余裕があったからだ。海口には改めて泊まる気も起こらず、成都へ行く飛行機を探した。

22時出発の便に空席があった。空港ロビィで時間つぶしのため足裏マッサージを受けた。意外と丁寧で按摩もうまい。日本人ツアーなら当時2200円ほどぼられたはずだが、ここでは500円だった。

深夜の飛行機で成都へもどり、ホテル着は午前2時というのに成都市内は殷賑を極めていた。ドイツ企業の進出がおびただしくなったせいか、ケンピンスキーなどの5つ星ホテルも軒を競うようになっていた。成都のど真ん中にはイトーヨーカ堂が多くの客を集めていた時代である。

9. 河西回廊紀行

シルクロードの本筋は蘭州から始まる

♪「月の砂漠をはるばると……。

敦煌に対する日本人の執着、その過剰なまでの思い入れ、浪漫的な憧れと一方的な感傷は井上靖の小説と平山郁夫の幻想的絵画など親中派の「功績」による。浪漫に溢れるシルクロードの諸都市も経済発展に便乗した。辺境オアシスの庶民は健康的だった。

中国では敦煌も武威も張掖もシルクロードのワンノブゼムのオアシス都市に過ぎず、とりたてて敦煌にのめり込むことはない。げんに莫高窟に匹敵する仏教彫刻群は蘭州市郊外の石門峡にある炳霊寺《へいれい》、武威市郊外に開ける天梯山石窟、張掖郊外の馬蹄寺、山丹の大仏寺などでも見学できる。それも外国人観光客が少ない。それだからこそじっくりと堪能できる。

「河西回廊」は広義には西安から酒泉、敦煌を越えてペルシア辺りまで、あるいはインドまでを指す。だが狭義では甘粛省の蘭州から嘉峪《かよく》関までである。万里の長城の西の果ては嘉峪関市の西郊外にある「長城第一墩《とん》」だ。

『西遊記』の巨大な像が飾られているのは蘭州市の黄河河畔、中山橋から白塔山へのびるロープウェイ駅の隣である。しかし旅人の浪漫をいざなう西遊記の巨大な像が金ぴかなのにはいささかげんなりした。

白塔山麓の観光街も巨大なショッピングモールに化けた。ところが観光客が寄りつかない。観光客を当て込んでの豪華タウンだけはできたが、計算違い。これは大失敗の見本だ。

蘭州の地元民に拠れば最近「シルクロード」のブームが去ったせいか日本人団体客が劇的に減っているという。

そういえば、河西回廊を歩いた10日間の旅程中、1人だけ日本人を見かけたくらいで、上海や大連は日本人だらけなのにと思った。

1つにはロプノール周辺における中国の核実験の悪影響による土壌汚染が広く伝わって砂漠の沙にも放射能が混在している懼れが、福島原発の災禍と重なって日本人に認識されたからではないだろうか。

それなら「いま、どうなっているのか」。現地を視察するにしくはない。

いかに辺境、奥地とはいえ経済発展とは無関係ではなく、いや、シルクロード一帯もまた不動産バブルが破裂しているのではないのか。内外の雑誌を手に取ると、「中国経済成長の終わり」「バブル破綻」という記事ばかりを見かける。

蘭州は冬虫夏草の町

北京で乗り換え、まずは甘粛省の省都である蘭州へ飛んだ。市内人口250万人ほどの大都会だ。

大ざっぱな地図では黄土高原といわれる、荒地の高台にある中川空港から市内まで70キロ、リムジンバスで1時間。空港周辺に外国人が泊まれるホテルがない。

距離的には東京都内から成田への距離より遠く、中国国内で、この飛行場より遠い場所にあるのはチベットのラサ空港だけ。途中の高速道路両側には砂漠緑化プロジェクトが進み、スプリンクラーが植林した樹木に大量の水を撒いているため棚田開発が結構進んでいる。

毎年、富山県ほどの面積が砂漠化している中国で緑化対策は死活的政策である。砂漠の緑化は「青年林」と呼ばれ、およそ1000万ムー(※)を今後、重点的に緑化し、田畑を開いて農作物を作る。その壮大な計画やよし、だが植林する傍らで伐採する地元民がいる。すぐに禿山にもどる可能性すくなからず。

蘭州市内へ入って最初の驚きは、「え、まるでイスラムと『冬虫夏草』の街ではないか！」。

漢族の回教徒が夥しい。イスラム寺院があちこちに林立し、その規模が大きい。ウイグル系、チベット系など少数民族の混在地域、彫りの深いペルシャの顔立ちの女性も目立った。繁華街は漢方薬店が犇《ひし》めき、「冬虫夏草」のネオンが燦然と輝いている。その間に挟まった海鮮レストランも満員だった。

※畝。1畝＝約6・667アール（666・7㎡）

景気は良いのか、夜の街は人出でごった返し、高級レストランに酔客多数、タクシーはまるで掴まらない。沿岸部、華南の部品メーカーが蝟集する広州周辺の不況とは異なり、なんだか蘭州のほうが、さかさまに景気は良さそうなのである。

おりから国際交易会が開催中だった。だから蘭州市内の幹線沿いのホテルは軒並み満員。しかたなく「スーパー8」というビジネスホテルに宿泊とあいなった。この米国系のチェーン、すでに中国国内で300店近く、受付ではたどたどしい英語が通じるが、日本のパスポートを見せると、よほど珍しいのかスタッフが集まってきた。朝飯付きで3100円。

翌日は早起きし、1日がかりで劉家峡の石門ダムへ行った。目的は黄河の「断流」の現場を見たいからだ。

ダムによってできた人工湖が琵琶湖なみか、それより広い。船着き場から快速モーターボートで石仏まで1時間もかかる。大型遊覧船なら3時間半！　救命具を着込んだ。船内もひどく揺れた。

水没した集落住民はダムの奥地にある劉家峡鎮に強制移住させられ、行ってみるとバザールは繁栄しており、人口4、5万人ほどだろうか、デパートもある。葡萄や桃、瓜など果物が美味しい。街の真ん中を黄河が荒々しく流れている。かなりの急流である。

ダム湖によって黄河の流れが変わり50キロほどの旧河川は地面が見える。水は一滴もない。雨が降ると、干しあがった旧河川がこんどは暗渠の役割をなして洪水を防ぐのだという。

見学を終えてボートでまた1時間かけて乗り場へもどり、そこでトイレを借りた。うっかり土産物をひやかしていると、タクシーがいなくなっていた。

仕方なく500メートルほどあるいて県道へ出るが、タクシーなど来るはずもなく、20分ほど突っ立っていると、白タクが寄ってきた。蘭州まで150元というので首を振る。執拗に130元となるが、「あいにく小銭しかない」と嘘を言うと、「じゃ近くのバスターミナルまで15元でどうだ」となった。

蘭州市内の手前に巨大な工業団地が造成中だった。その周辺がマンション群で予測通り誰も入居者のいない鬼城（ゴーストタウン）化していた。

中国語の城は城塞都市を意味する。

なかには工事続行を見せかけてクレーンが時折動くが、建設現場では労働者が2、3人しかいないのだ。蘭州へもどりショッピングモールで洒落たレストランでもないかと探してみたが、大衆食堂ばかり。一軒の土産屋に毛沢東の布袋像があった。大きなプラスティック強化剤でつくったものだが、ユーモラス。毛沢東を布袋様にして、金儲けの神さまにしちゃったのか。参考のため値段を聞くと日本円で5万円ほどだった。

マルコ・ポーロも長期滞在した

蘭州からシルクロードを西へ向かった。

途中の武威と張掖、酒泉の3つの都市で、面白い比較ができた。

タクシーの初乗り代金である。それぞれ4元、5元、6元。ちなみに北京は11元、上海14元、蘭州は7元という時代だった。奥へ行くほどどれほど物価が安いか理解できるだろう（2021年現在、物価は2倍近い）。

エコノミストがよく使う購買力平価の代表的指標は「ビッグマック」（マクドナルドの大型ハンバーガーの値段を世界各地に比較して物価水準を調べる）だ

が、中国に関していえば、このタクシー初乗り代金と、ビール代金で比較している。レストランでのビール代は、北京で15元平均、上海20元だが、蘭州から嘉峪関までの河西回廊諸都市は4元から4つ星ホテルですら12元。やはり最貧地域である。その分、インフレも起きず、したがって不動産バブルの破産被害も少なく、かえって救われているという皮肉な現象があった。

蘭州からのローカル列車はすし詰め、満員で武威まで4時間立ちっぱなしだった。

結果的に武威まで、終戦直後の日本のような超満員の列車に揺られた（こんなローカル列車でも切符購入時、パスポート提示）。

混み合い具合は、日本の旧盆や正月の比ではない。車中ではトランプに興じ、即席ラーメンの大盛りをほおばり、車内販売のキュウリを齧り、しかし往時のような喧噪はなく意外に乗客はおとなしい。4時間強の立ちん坊で足が棒になった。

武威は小さな街である。

神馬を飾る雷台、孔子廟などがある。街の中央のホコテンには大きな銭を形どったオブジェ。泊まった旅館は天馬飯店。名前の割にはエレベーターもなく、鍵は南京錠。部屋はボロボロで、シャワーを使う気にもなれない。すぐ隣の公園ではウイグル系の人々があつまって歌謡大会をやっている。革命歌ではない。中国語でないので歌詞が分からない。初老の人たちが懸命に歌っていた。

張掖はシルクロードの拠点にして古都。なんといってもマルコ・ポーロが一年滞在した街として知られる。街になんとなく歴史の風情が流れる。

街の中央に位置する明街の歴史的町並みの隣が欧州路、その交差点に鼓楼がわりに立つのが白亜のマルコポーロ像である。

この街の名物は大仏寺。まるで奈良の大仏寺のごとくに外観が似ているが、拝殿に鎮座するのは巨大な寝釈迦。おおきな怪物が横になっている不気味な感じだった。このあたりまで来ると疲れが混んできた。

バス駅前の簡便旅館に泊まったが、その汚らしいこと、ここでも手ぬぐいで身体を拭き、シャワーも使わずに寝た。ただし1泊１５００円。おそらく10年前は３つ星ホテル級だったのだろう、部屋の中の説明書に日本語も混ざっていた。受付は日本語も英語も通じず訛りの強い中国語だけ。要するに優秀なスタッフは新築の高級ホテルに移籍したのである。そこで夕食だけは、その高級ホテルに移動し、地元自慢という料理を食した。

またも西へ。酒泉市へ。飲んべえならたまらない名前だろう、酒泉と聞けば、よほどの銘酒と遭遇するのではないか……。

酒泉は宇宙船打ち上げ基地としても世界的に有名だが、それは市内から北方へ200キロ、むしろ内蒙古自治区に近い砂漠にある。

酒泉市内は落ち着いた、瀟洒な雰囲気が漂う街で綺麗な印象を持った。この街で見たかったのは匈奴を破った霍去病《かくきょへい》・将軍（前漢の武帝皇后の甥）が行軍する光景を描いた大レリーフ。霍が凱旋したときに休憩した場所から酒がわき出たという伝説があって酒泉などと洒落た名の都市ができた。その公園を見に行った。

長城の西端は「第一墩」がある嘉峪関だ。高原が地下水で蚕食され、ずるっと陥没したかたち、蒙古族のゲルが展示用にあるが、ごぼっと砂に足をさらわれそうで上から見るだけにした。

この場所には酒泉からタクシーで20分で着き、さんざんおんぼろホテルで愛想が尽きかけていたので、４つ星ホテルに泊まった。シャワー設備も室内も広くて清潔、朝食付きで６０００円（妻と２人分）。休憩後、町を散歩していたら驟雨になった。ショッピングアーケードに飛び込む。衣料品は秋から冬物がならび、夏なのにジャンバーが欲しいと思うほど冷えた。酒泉は思ったより活気がなく、淋しい町である。かなり歩いて町見学を終え、ホテルへ戻って館内のレストランで夕食をとった。吹き抜けのロビィの半分を占めるが、私たち夫婦のほかは２組の客しかいなかった。寒く感じたので紹興酒を所望するが、「没有（ありません）」。しかたなくビールだけにした。

翌日、嘉峪関、懸壁長城、万里第一墩、魏晋壁画墓の４つをまわるためタクシーをチャーターすると、40がらみの運転手が「そんなコースなら、子供が夏休みなので妻と一緒に同乗させて良いか」と言う。というわけで人の良さそうな運転手一家とドライブとなった。ハプニングである。

夫婦してタクシー１台を昼夜でシェアし、贅沢はできないが、そこそこの生活はできる、と言った。10歳の男の子は聡明そうで、将来「米国に留学したいか」と訊くと頷く、アイスクリームを買ってやろうかと言うと3回、遠慮した。含羞のある中国人とあったのは久しぶりである。

4カ所まわって6時間、チャーター料金はわずか260元（3600円）。北京ならまず700元は取られるコースである。空港で別れ際、お互いに爽快な気分となった。

その爽快さは北京で乗り換えた中国民航機が「成田が豪雨のため関空に緊急着陸します」というアナウンスで不快と替わり、深夜、関空のロビィで寝袋支給のごろ寝と相成った。中国民航の機内では、最後まで日本語の説明も謝罪もなく、なるほど日本人のサービス精神とは異なり、その責任回避ぶりのマナーは「国際的」だった。

10. 華南の大動脈「広州─武漢」

香港から広州まで

また新幹線開通の部分開通と聞いて、こんどは広州─武漢の旅に出た。

武漢?! 嗚呼、コロナ前でよかったなぁ。

10年前に亡くなったが、ミッキー安川のラジオ番組によく呼ばれた。「宮崎さんは3日閑があると中国へ行っているみたいだな」と突っ込まれ、そういえば、それほどの頻度で中国を回っていたものだ。最大の理由はビザが不要となったため日本人は何時でも、中国の何処へでもいけるようになったからだ。それまではアライバル・ビザの抜け道も香港から深圳へ渡る橋の上にあった「中国旅行社」で、2万6000円の大枚をはたくと半年有効の数次ビザが発給され、じつは3回ほど、これを活用したのである。だから日本人のビザ不要となったのは有り難かった。

ビザ更新ごとに、香港から入国する必要がなくなったからだ。

香港から特急で広州東駅へ入り、地下鉄を乗り換え、できたばかりの広州南駅へたどり着いた。そこから新幹線（武広高速）で湖北省の古都＝武漢へ向かった。

２０１９年師走から世界を震撼させた武漢コロナウィルス発祥の地として悪名が高いが筆者の乗車時点は新幹線開通直後、２０１２年の話である。

１０６８キロ（在来線の距離）の距離を、直線の新線を作って９６８キロに短縮させ、僅か3時間16分で結ぶ。中国は世界へむかって「新幹線大国だ」と獅子吼した。

長距離寝台の見送り風景（広州で）

日本の新聞も珍しくこの路線開業は写

真入りで報道した。シーメンス、ボンバルディア、アルストムの「鉄道ビッグ3」が技術を提供した。

「武広高鉄」は直線ルートと新駅増設により巧妙に距離と時間を短縮している。じつは各駅停車に乗ると4時間かかり、平均時速247キロである。湖南省の長沙のみ停車のCRH3型（車体は中国製）が3時間16分。じつはこの超特急は1日1本しかない（宣伝と実態はえらく違う）。

そして広州南駅をでる「こだま」「ひかり」混交型（選択的各駅停車）は広州北駅、清遠、韶関、郴州西、衡陽東、衡山西、株洲西、長沙南、汨羅東、岳陽東、赤壁北、咸寧北を通過（もしくは停車）し、武漢へたどり着く。

駅の名前から判断できるようにほとんどすべてが新駅なのである。それも僻地、農村を新規に開拓した場所に駅舎を突貫工事でつくった。その迅速なスピードは慄然とするほどの早業、軽業師的な建設だ。しかし途中駅の都市と新幹線駅までのアクセスが悪すぎる。たとえば広州東駅から新幹線始発駅の「広州南駅」へ向かったが、最新のガイドブックにさえ駅の地図が載っていない。呆然となった。

——え？　どうやって行けば良いの？

念のためガイドブックを見たが新駅の行き方が載っていない。それで地下鉄に乗って、「いったいどこでアクセスできるのか？」車内の路線図にも書いていない。たまたま隣り合った乗客5人に聞いて、やっと1人が知っていた。「地下鉄の『漢渓長隆駅』でおりて、そこから地上にあがり、連絡バスに乗り換えろ」と教えてくれた。

その連絡バスの代金は2元、荷物一杯の旅客を詰め込むから超満員。高速道路をぶっ飛ばして12、13分かかる。広大な荒野のど真ん中に新築ぴかぴか、まだターミナルの1階は工事中の広州南駅が忽然と出現した。

広州南駅のドーム型の優雅さにしばし見とれ、つぎに昼時だったのでレストランを探したが、まだ駅構内が工事中（営業開始から8カ月というのに？）、2階の簡素な売店でパンをビールで押し流すように食べて次の列車に乗る仕儀となる。外見こそ美しいが駅構内はゴミが散らかり、吸い殻だらけ。空き瓶は放置され、壁がはやくも汚れている。

待合室は東京ドームのグラウンド部分ほどの大きさ。楽に1万人くらいは収容できそうに見えるが、入りきれず入り口にも旅客が屯《たむろ》している。1階の喫煙室はたばこの煙で窒息しそうになるほどだ。

広州南駅を14時34分に出発、武漢着は夕方の18時30分。4時間弱である。二等車の料金は490元。これは中国の庶民感覚からすれば相当高い！（どうやら徐々に値上げしたようだ）。

列車は広州南駅を定刻通り静かに滑り出した。ところが車内の音響が凄い。旅客同士のお喋りも怒鳴りあいに近い。携帯電話をデッキへ行ってかける人はいない。道徳心、公徳心の欠如。洗面所とトイレを撮影したが意外に綺麗。乗っている車掌、掃除、物売り、公安警察までが女性だ。

喉が渇いたのでワゴンの物売りを待つがホットコーヒーがない。缶ビールは1種類だけ。大型の即席麺がやまのように売れる。乗客は洗面所に設置された湯沸かし器に走り、ずるずると車内で食べる。独特の臭いが漂うが、この香りには不味そうな、場末の味がまざる。横の客をまったく気にしないのも中国特有の風景で慣れっこになると何も気にならない。さすがに車内で喫煙する無礼者はいなくなった。

電光掲示板に速度がでる。トンネル内で、瞬間的に331キロ、平原部で310キロが筆者が乗った日の最高速度だった。

途中の景色の描写は省略する。というより通過する駅名も認識できないほど速い（プラットフォームの表示看板が小さく、車内の電光掲示板に「ただいま○○駅を通過」とか親切な案内情報はない。あれは日本だけなのだ）。

なんとか手に入れた時刻表からどこを通過しているのかを推定するしかない。

沿線は単一な景色、農村、茶畑、そうするうちに衡山、長沙を過ぎ、汨羅、岳陽とくれば何回かきた曽遊の地、古い写真が頭の中で回るように既視感が湧いてきた。

このとき、南から北上するルートを選んだけれども戦争中は、日本軍は逆コースをたどり武

二等車内も始発駅では混んでいなかった

漢を陥落させ、岳陽から南下して、長沙に進撃する直前、中国側は焦土作戦をとって長沙を焼き払った。岳陽で日本軍が毒ガスを使ったというのも嘘宣伝だったことは歴史研究家によって明らかとなった。

ともかく武漢までの乗り心地は快適、なにしろカーブがほとんどない。うっかりすると眠りに落ちそうだ。ならばほかの中国人客は何をしているのかと観察すれば、団体はお喋り、カップルは静かに会話。ビジネスマンや学生らはパソコンを叩いている。日本より早く、新幹線の座席にはコンセントが設置されていた。

想像を絶する迅速さで出現した中国新幹線の強みは土地の収用がタダ同然であることだ。つまりまっすぐに線路を敷設できる。日本の場合、直線区間がすくなく、トンネル在り、カーブあり、上り下りが急で場所によっては10度程度の傾斜があり、それでも250キロの高速で珈琲がこぼれない。

日本では土地の収用にやたら時間がかかり、その分、新幹線の建設コストが跳ね上がる。この点で中国新幹線の優位性は圧倒的ともいえる。なにしろ共産党幹部が地図を拡げて赤線を引けば、該当する地区住民は強制立ち退き、歯向かうと夜中にブルドーザーがやってくる。補償金は雀の涙。しかも中間搾取が常識である。

　まして中国新幹線はまっすぐ、ひたすらまっすぐ。だから高度な運転技術は要らない。あまつさえ各駅へのアクセスの悪さ、そもそも出発駅の広州南駅からして新駅。武漢も新駅！　この新駅から旧市内までそれぞれ1時間かかるのである。

　途中駅も全部新駅で市内とはかけ離れた場所にあり、東海道新幹線の岐阜羽島駅だって開業の頃は遠い遠いとぼやかれたけれども岐阜市内とそれほどは離れていない。新神戸にしても地下鉄との連絡が便利、もっとも市内から遠い新幹線駅は「新下関」駅くらいか。中国新幹線は「まっすぐ」な路線と各駅の新駅であるがゆえアクセスが悪くなるのは当然だろう。この発想は台湾新幹線そのものではないのかと連想した。上海に101階高層ビルを建てたときも何回となく「TAIPEI　101」（台北のランドマーク）の建設現場に中国側が「スパイ」を送り込んでいたことを思い出した。そのうえで上海の高層ビルを強引に102階建てとしたのだ。

　長沙をすぎて夕闇がせまった。窓外が暗くなりある区間は雨まじりとなった。武漢に近付く頃に晴れあがり夕焼けが山稜の向こう側に沈む頃、「和諧号」は武漢駅に1分も遅れずに到着した。

ここも田畑のまんなかにできた新駅だった。

武漢のど真ん中の武昌まで1時間15分ほど。漢口まで50分（いずれもタクシーで）。ひたすら遠い。蛇足ながら漢陽駅は廃屋になっていた（漢口、漢陽、武昌の所謂「武漢三鎮」が合併して武漢市となった）。

武漢コロナの発生といわれた海鮮市場は、この市内のど真ん中に近い場所にある。

日本のように「借景」の発想がない中国。高級ホテル周辺は貧民街だった

広州―武漢3時間強と言っても、実質的には倍の6時間を要するから旧在来線よりちょっぴり速いくらいだ。ただし日本の新幹線同様に開業と同時に在来線は巧妙に減便もしくは長沙など途中駅間の快速を乗り継ぐしか残っていないが。
武漢新駅で雨の中、タクシーの列に15分ほど並び市内へ向かった。羽田から池袋ほどの距離をハイウェイを使わずに下の道路を走ったと想像して頂きたい。ようやく漢口駅に立ち寄り翌日の南京行き切符を買った。長蛇の列とはいえ番が来

るまでに30分もかからなかった。横からはいる行儀の悪いのがいなくなったせいだろう。

武漢に何時に着くかの見当が付かなかったので宿泊先を決めていなかった。「ええい、ままよ」と名前を知っているシャングリラホテルへ行くが満室だった。この頃からハイテク企業の出張族が多くなっていたのだ。武漢には日本企業が250社進出している。それも自動車部品と半導体などハイテク関連である。

満室と聞いて、仕方なくビュッフェで遅い夕食を摂っているとホテルの女性職員が近くのホテルの情報を持ってくる。「598元でシングルが1つだけ空いているが、予約するか」と親切にも教えて呉れる。こんなサービルの良さ、中国では初めての体験、いやシャングリラホテルの常連客と勘違いされたからだろう。

それにしても武漢で600元近いホテル代は高いと思うが、夜も遅いし、疲れていたので、雨の中を遠くに移動も面倒、それにした。

翌朝、高雄ホテル（台湾資本）で目覚め、窓をあけて驚いた。真ん前は貧民窟ではないか。日本のように「借景」の発想がない中国では高級ホテル周辺が汚泥地であれ貧民街であれ構わないという「美意識」を改めて認識した。

さて次なる南京へ向かう新幹線は夕方の便しかとれず、ゆっくりホテルで起きあがり、それからタクシーをひろって4カ所ほど名所旧跡巡り、そのまま漢口駅へ。到着駅と出発駅がまた違う。こうなると中国における新幹線旅行の三種の神器は「時刻表」「ガイドブック」「鉄道地図」となる。とくに前者の時刻表は日本で入手が困難、中国でも注意深く書店を回らないとまず買えない（2019年から日本でもアマゾンで入手できるようになった）。

技術が格段に進んでいるほか、営業キロが電光石火のように短時日で延長されており、最新のデータがつねに必要である。

中国語版の『和諧之旅』、『旅伴』など、新潮社の『旅』(※)に似たカラー雑誌も数種あって情報が満載されているため必需品だが、これらは新幹線の座席でしか入手できない媒体である。

※2012年休刊

第三章

辺境地、奥地を吹き荒らす中共の嵐

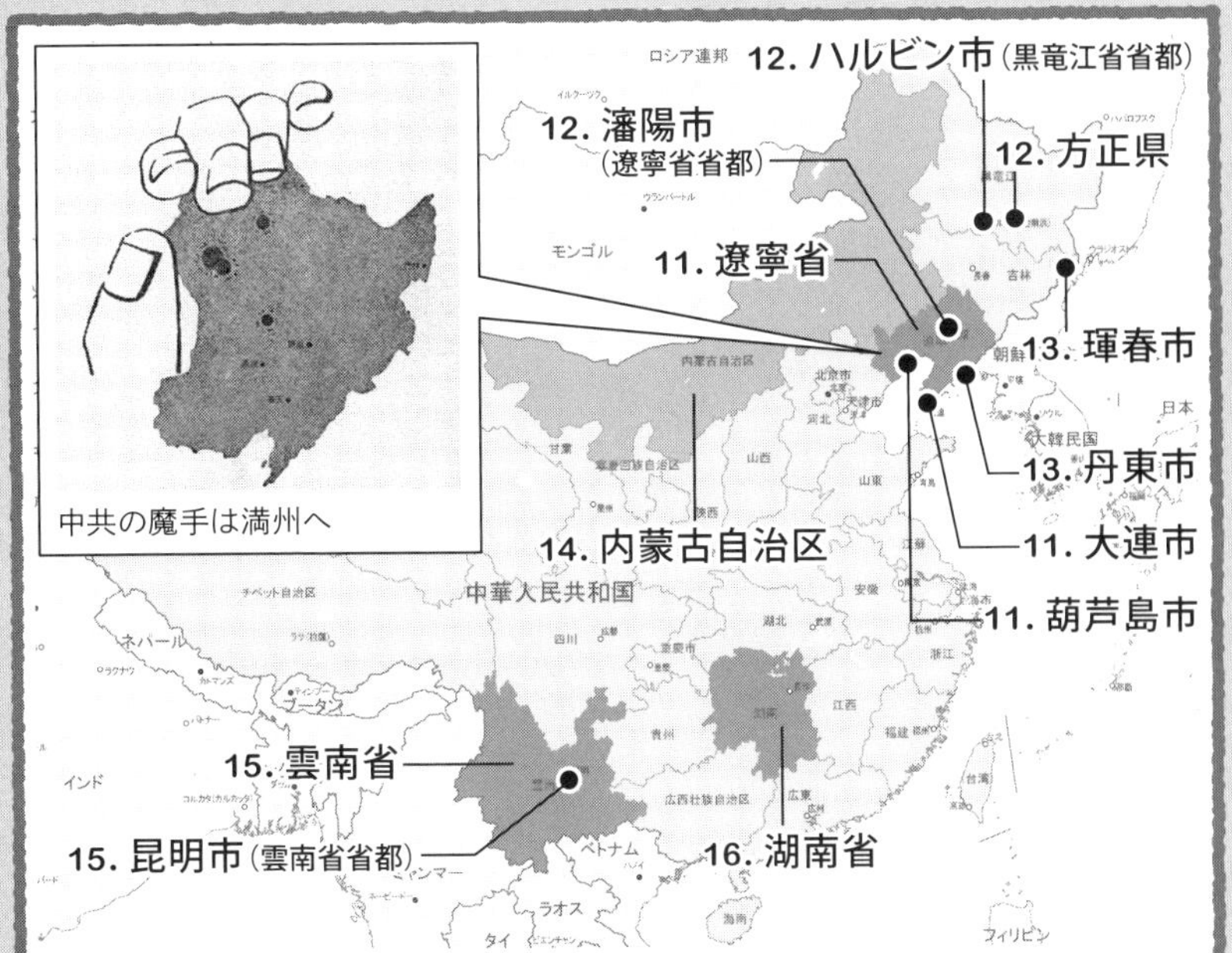

11 遼寧省のいま

『アカシヤの大連』で

日本に一番近い中国の地方は遼寧省である。大連へは多くの航空会社が直行便を出している。名古屋、福岡、札幌便もある。

清岡卓行が書いた『アカシヤの大連』はロングセラーを続けているが、あの世代の郷愁が漂う作品だ、日本時代の大連は綺麗な街だったのだ。

大連、瀋陽、旅順、営口、鞍山等々。遼寧省には日露戦争からなじみの深い土地があり、中国旅行が解禁になるや大東亜戦争で引き揚げた人々がセンチメンタル・ジャーニーで大挙して押しかけた。

90年代がそのピークで行く先々のホテルで感傷旅行中の老人グループにであった。ロビィでも昔話に花が咲いていた。

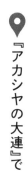

印象深いことがいくつもあった。

長春で70歳代後半と見られる母親を兄弟2人で連れてきた組み合わせに出会ったが、早朝にガイドに無理をいって、昔住んでいた住所を尋ねると、家はそのまま残っていた！　住んでいたのは見知らぬ中国人（それはそうだろう、半世紀以上も前のことなのだから）。ところがその中国人家庭は親子の事情を聞いて（ガイドが通訳した）、家の中へ入れてくれたのだという。感極まって母親、そのあと腰を抜かして、付近の店から急遽購入した車いすに座っていた。望みを果たしたので、動けなくなったのだ。

大連は同時に魔都でもある。繁華街の夜は情景が一変する。コロナ感染で緊急事態解除後も、東京アラートが発令されたが、『夜の町』の新宿のホストクラブからクラスターが出た。同様な夜の町は大連の中山広場、希望広場の周辺にある。なかには銀座の一流倶楽部を思わせる雰囲気の店もあった。習近平の節約令以後、ほとんどが閑古鳥、そのうえ日本人客が激減したため多くが店を閉じた。昔のヤマトホテルは、大連賓館(※)と看板を変えた。いかめしい玄関には車が横付けで

※2018年営業終了

きる。中へ入ると厳粛な雰囲気があり、明治時代の建築で高い天井に威厳がある。赤絨毯を踏んで部屋へ案内される。1階の突き当たりに居酒屋があって、ここだけは騒々しく、刺身、天ぷらから鍋焼きうどんもあった。

最近の激甚なる変化、都市の変貌ぶりは枚挙に暇がないけれども、日本に関連した興味津々の話題がいくつかある。

尖閣諸島問題でささくれだった両国関係、友好行事もツアーもキャンセルが目立ち、さぞや反日ムードが溢れているだろうと思われがちだ。しかし遼寧省と黒竜江省は例外で、いまも親日的である。吉林省はやや反日色がつよい。同省の東側は北朝鮮にも近いせいか朝鮮族が多いからだ。かつて大連市長を歴任し、商務部長から重慶特別市の共産党委員会書記に出世した薄熙来は、弁護士でもあった夫人の英国人殺人と右腕だった王立軍の米国亡命未遂事件により失脚した。

その後の経済成長の状態は悪いと聞いていた。

薄のぼんくら息子の英米留学費用から豪遊に必要なカネ、なにしろ薄瓜瓜はフェラーリを乗り回し、ボストンでは24時間ガードマンつき、プール付きのマンションに住んでいた。薄夫人の北京事務所の最大スポンサーでもあった大連実徳集団のCEO・徐明は個人ジェット機に美女を侍らして、薄煕来と周永康（ともに政治局員）のために便宜を計り利権を次々と手中にして商圏を拡大した。もともとは材木の卸し業者だったが、気がつけばコングロマリットとなって、長者番付にもはいる億万長者に化けていた。ところが薄失脚により、大連実徳集団は120億元の負債をかかえて倒産し、CEOの徐明は2015年師走に刑務所内で「急死」した。心筋梗塞と発表されたが、だれも真相究明に関心がなかった。秘密を知る者は消されるのだ。享年44歳という働き盛りだった。

薄煕来は日本企業と最もつながりの深かった政治家である。

重慶赴任にあたっては、大連時代からの企業をどっさりと連れて行ってインフラ整備のプロジェクトの利権を寡占した。大連時代の公安の右腕だった王立軍も、重慶の副市長兼任で引き連れた。それが汚職の巣となって批判された。王立軍は漢族ではなく蒙古族とされ、ピストル一丁でギャングと渡り合った武勇伝の持ち主だった。重慶から成都の米国領事館へ女装して車を飛ばし、亡命を申請したが、ときのオバマ政権は中国の圧力に根負けして亡命を認めず、米国の威信は崩れ去った。以後、中国人高官らの亡命は在中国米国大使館、領事館を避け、外国で行われるようになった。

薄失脚以後、遼寧省へ進出する日本企業のペースが鈍り、雇用に甚大な悪影響がでた。大連の町の真ん中にはいくつもの近代的ビルが聳え、景観は素晴らしい。代表的な高層ビルは森ビルだ。向かいは韓国現代の建てたビル。森ビルの中には日本人が集まる日本料亭がテナント入居していた。このレストランに日本人駐在員が集まると聞こえてくるグチは上海のことばかりで、上海へ日本企業が集中して進出し、大連はうっちゃられていた時代である。

デルは大連工場の主力社員をなぜか日本留学組の中国人から大量に採用した。ほかにも日本語が堪能な留学生をあつめてコール・センターを開業した人材派遣企業もあった。

日本企業との縁が深い遼寧省ゆえに、公安演出色の濃い「反日デモ」も領事館のある瀋陽以外では組織されなかった。日本留学帰りが夥しく、遼寧省では現地採用で日系企業に働いている。「反日」で騒いで日本企業が韓国企業のように夜逃げして貰ったら困るのは彼らだ。

しかし上海進出の急膨張によってビジネスマンの足が大連から遠のき、とりわけ日本人街が精彩を欠くこと甚だしく、希望広場にある森ビルはぎっしりとテナントが埋まっているが、対面の現代ビルは空きが多くて対照的である。森ビルの裏手に蝟集する日本レストランとバア、スナックも「営業中」の店が激減した。

中山広場周辺に三十数店舗が密集する日本人相手のバア、ナイトクラブは閑古鳥の店が多く、日本料亭や食堂は「食べ放題、飲み放題199元」が常識。理由はむろん、中国経済の不況により日本企業が人員削減と経費激減したことによる。

日本人街からもネオンが消えて……

大連は中国海軍の空母基地でもあるが、となりの旅順が開放されてからは二百三高地など日本人団体ツアーの主力目的地だった。「水師営の会見」で知られる馬小屋はレプリカで再現された。

♪「庭にひともとナツメの木、弾丸跡もいちじるく……」のナツメの木はあとから植えたものだ。馬小屋も日本人のツアーを当て込んで急遽建てられたレプリカである。

その観光客も歴史ファンのツアーが一巡して息切れをしている。

日本の若い世代は、そんな歴史的事実にはほとんど興味を示さない。大連で事情通に訊くと、「韓国企業のなかで中小企業は夜逃げしたし、大手企業だって撤退した会社も目立つが、後始末がなっていない。そこへ行くと日本企業は撤退するにしても退職金まで支払うし、再雇用の斡旋もするほど面倒見が良い。できれば日本企業にもっと来て欲しいというのが中国側のホンネです」。

これほど景気減速の大連なのにタクシーがまったく拾えないのが不思議だった。北京、広州と同じ状況で、したがってバスと電車が満員。景気が良いとタクシーが拾いにくいのは万国共通だが、中国の場合は「タクシー代が安すぎる」からである。たとえば日本で2万円ほどの距離を乗っても2000円程度（要するに10分の1）。瀋陽では市内から空港まで1時間かかるタクシー代は高速道路代を含めて1300円程度である。

初乗りは5元（丹東）、8元（大連）、9元（瀋陽）。大連では北朝鮮の「将軍様」がお泊まりになったフラマホテルで食事をした。大連で一番高い中華料理と聞いていたが、日本の居酒屋程度の値段だった。それでも日本人ビジネスマンが少ない。

大連の観光名所は波止場に近い「ロシア街」が有名だろう。

じつはここで買いたい物があった。ロシア製品の土産と言えば双眼鏡、軍服、武器模型、弾丸のニセモノ、無骨な時計、ウィスキーの携帯壜くらいだが、もう1つがマトリョーシカ（プーチンの人形を開くと中からメドベージェフがでてくる、次がエリツィン、ゴルバチョフ、アンドロポフ、フルシチョフ、ブレジネフ、スターリンと続く）。

何軒か歩いて同じ質問をくりかえした。

「毛沢東、鄧小平、江沢民、胡錦濤、習近平」のマトリョーシカはないのか、と。どの店も「それは置いてありません」と言う。

「外国人観光客に売れると思うけど何故？」

或る店先で店主が拝むジェスチャーをしながら、

「（少なくとも表面的に）指導者を崇めているからです」

……ということはプーチン、メドベージェフのマトリョーシカを大量に売るのは中国人がロシア人をバカにしているからだろうか？

複雑な思いを抱きながら、ホテルへ戻った（後日談、そのマトリョーシカをロシアのサンクトペテルブルグの屋台でみつけて買った。50ドルを25ドルに値切った)。かくして筆者は大連に何回か行っているが、一度は金正日の黒い高級車の車列に遭遇し40分も信号待ちをさせられた。このことは同行した高山正之氏が著作に書いている。

ドン底になって消えた、前述の「大連実徳集団」に代わって、米国の映画館チェーンを買収した万達集団が遼寧省で最大級の企業となった。各地で豪邸マンション、別荘売り出しなど不動産業に派手に進出し、大連の一等地には高層の本社ビルを建てた。万達集団のホテルチェーンから遊園地、ディズニーのような娯楽施設もつくった。CEOの王健林は、中国富豪のナンバーワンとなった。しかし案の定、2019年から中国のバブルがはじけ、王健林は高値で買った欧米の映画館チェーン、ハリウッドの映画スタジオなどを一斉に売却、それでも足りず本丸の万達ホテルチェーンやテーマパークも売却して手元資金をかき集め、かろうじて営業を続けている。

かれの栄華の夢も終わりになった。

葫芦島から100万人以上の引き揚げ者が日本に還った

エコノミストとして八面六臂の活躍だった三原淳雄氏は筆者より九歳年上だった。なぜか気があって初対面から四半世紀以上の歳月が流れた。

80年代後半から90年代初頭、日本経済がバブルの頃、筆者はラジオ短波（現在のラジオ日経）で早朝番組を持たされていた。早朝、ロスアンジェルスのマネー局と生中継、その場で同時通訳もやるというプログラムでウォール街の動きが、ただちに兜町に跳ね返るため金利、為替の早聴き早読み番組だった。なぜこの話をするかと言うとアメリカ取材で穴があくと、大先輩であることを顧みず、代役に三原さんをお願いしたことが二度ほどあった。あとで担当者から「速射砲のような英語でした」。それで初めて三原さんがノースウェスタンに留学していたということを知った。ハーバードよりMBAでは難しい大学院。そして最新のアメリカ経済情報に通暁されているのは当然だが、米国へ行かれると直感力で新しい経済学の本を見つけられ、速射砲のように翻訳をされた。バフェットの投資理論を紹介するなど、ジョージ・ソロスやウォール街の裏情報にも詳しかった。

その三原さんは旧満州生まれ、引き上げの際に弟さんを亡くされ、チチハル、新京（長春）、奉天（瀋陽）、大連の金山で育ち、当時のシナ人のことを実感として知っていた。引き揚げ船は葫芦島《ころ》からだった。

平成22年春、「その瀋陽、葫芦島にも立ち寄りますが、ご一緒しませんか」と旧満州旅行に誘ったら、「そうですねぇ。引き上げ以来、一度も行ったことがないので……」とひょいと参加されたのである。

2日目の朝、北京空港で最初の印象は「中国では珈琲がまずいですね」。

北京から黒河（黒竜江省）へ飛び、ロシア国境の流氷を見てから、旧日本軍の拠点だった孫呉。夜汽車でハルビンへ。翌朝は残留孤児のメッカとなった方正県へ足をのばし、日本人墓地で祈った。「ひょっと間違えば、わたしとて残留孤児になっていたかも」と三原さんの感傷だった。

強行軍だったので、ハルビンから瀋陽へは飛行機で飛び、市内を一巡。なんと三原さんの通った小学校が残っていた。無言でじっと校庭をみていた。日本人町もまだ多少残骸があった。旧「ヤマトホテル」のロビィで休憩、このロビィは甘粕大尉や川島芳子らがかつて活躍した舞台だった。

「すべてが懐かしい。親父に連れられてこの辺を歩いた」と言われた。

そこからまたバスで強行軍、２００キロを南下し、葫芦島へ向かった。私は開放されたばかりの葫芦島港と軍需工場へ視線がいくが、三原さんは日本への引き揚げ船がでた港をじっとみていた。茫然と佇立していた。感無量という感じで、「長年の夢が叶いました」。

その晩は宴会の酒を奢っていただいた。一緒だったのは髙山正之、樋泉克夫、北村良和氏ら総勢15名ほど。誰かが、「なんだか、今回の旅は三原さんのセンチメンタル・ジャーニーじゃありませんか」。

翌日、営口から大連、旅順とまわり、最後の晩はカラオケに繰り出したが、三原さんは疲れたので睡眠と早めに部屋に引き上げられた。この旧満州旅行はよほど強烈な体験だったらしく帰国後は会う人ごとに「宮崎さんと行ってきた」と吹聴されていたとか。

それからも数回、講演でご一緒したが体調を崩され、２０１１年12月8日（開戦記念日）に肺炎で急逝された。なにか運命的なものを感じた。

12. 旧ソ満国境は、いま

旧満州各地で建設ブームが起きていた

中国の辺境が開発ブームで沸騰したと聞いて本当かどうか、現場を見ようと思った。

日本のマスコミがほとんど伝えない場所で何が起きているのか。その実態はどうなっているのか。

素朴な疑問が起きた。なぜなら中国の鎖国時代の「大躍進」とは「大飢饉」だったし、「蠅も蚊もいない、理想の社会主義を達成した」と中国が宣伝したが、行ってみたら貧困が渦をまいていたように、中国の最貧地帯が「大飛躍」しているって、本当の話かと疑うのは自然であろう。

旧「ソ満国境」というと古めかしい印象があるが、どっこい中ロ関係の雪解け以後、最大の障碍といわれた中国とロシアの国境紛争は片づいた。中国は公開していないが、内実はカネで買ったのだ。

直後から中国の国境地帯は目を瞠《みは》るほどの様変わり、瀟洒なホテルやら洒落たバア、ぴかぴかの摩天楼が林立しはじめたのだ。

そこで旧満州の北西から時計回りにロシアとの国境は満洲里、海拉爾（ハイラル）、漠河、黒河。そして黒竜江（アムール川）はハバロフスクを経由してウスリー河となり、樺太に流れ込むが、この地点に撫遠、虎頭などの都市があり、ロシア沿海州との国境は鉄道がつながる綏芬河《スイフェンガ》、トラック道路ができた興凱湖、さらに南下して北朝鮮、ロシアと中国国境がおり重なる三角地帯の中心地＝琿春《こんしゅん》が開発特区となって爆発的勢いで近代化した。

さらに南下を続けると北朝鮮国境の町、図們、集安、丹東など従来の辺境の街がどえらく近代化して尻餅をつくほどの驚きがある。

たとえば綏芬河だが、20年以上前に最初にいったとき、ロシアから担ぎ屋さんたちがきて、ものすごく大きな荷物を担いで鉄道駅に運んでいた。ロシアの大女が目立った。町はどことなく露風でエキゾティックだった。ロシア正教特有の白くて玉葱型の教会が高台に聳えていた。

それから5年ほどして再訪すると、7万人の人口が20万人に膨れあがり、高層ビルがあちこちに建っていた。ロシア美女が侍るナイト・クラブもあって驚いた。だが、本質的な驚きは庶民レベルの生活で、何も変わっていないことだ。表通りは近代化したが、一歩裏の庶民の街は、50年、100年単位で変化がないように観察できた。宣伝と実態のディカップリング（乖離）が明確に存在した。

北京—瀋陽を時速250キロで突っ走る新幹線は2012年に開通し、その先の長春、ハルビンまで延びた。このハルビンと瀋陽が旧満州のあちこちをめぐる旅の拠点となる。

瀋陽が奉天と呼ばれた満州時代に数十万の日本人が居住し、開拓した浪花町や平安小学校、高千穂神社跡も面影はなく、ホリディインやコンチネンタルなど高級ホテルとデパート、電化製品の量販店街に変貌している。ZARAもH&Mもユニクロもある。頭がふらふらするほどの激変ぶりである。瀋陽はいまや遼寧省の大都会となった。

満州国旗

旧満州国(満州鉄道)

そこで旧満州旅行を何回かに分け、あるときは瀋陽から満州開拓団の牡丹江――佳木斯《ジャムス》――撫遠のルートをたどった。途中まで鉄道、その先は長距離バスの旅となった。このあたりから新幹線という幹線からはみだして、いずこもローカル列車が主力になる。

瀋陽発夜行列車は牡丹江で終着となる。

その先にぐんと拓ける荒野は「農業大国」と化している。トウモロコシ、ジャガイモ、キクラゲなどの農作物も、近年は日本の技術指導によって米作に成功し、中ロ国境は穀倉地帯に変貌していた。日本酒になるコメも作付けに成功したのだ。

瀋陽からの特急の食堂車で25度の白酒を飲みながら暇そうなコック長、車掌らと雑談に興じた。車窓からは荒野に沈む赤い夕日。檀一雄『夕日と拳銃』の一節を思い出した。どうもこのあたりにくると北京人とは明らかに違い、中国人とは思えないほどに地元民たちは純朴なのである。そういえば旧満州出身の芥川賞作家、楊逸女史も純朴そうな風貌、ハルビン生まれだ。

瀋陽北駅発の寝台車は東の国境＝綏芬河行きで、4人1組のコンパートメント。一等車の車両はMａx型2階建て。2階部の寝台は2人部屋、ここは特等である。2人分買って部屋を1人で使う金持ちもいる。

瀋陽市内の中央部に米国領事館、日本領事館がならぶ外交街が広がり、太い針金のバリケードで厳重に囲み、多数の警官（あるいは人民武装警察）が警戒している。

付近には外国人相手のカラオケ、ナイト・クラブが蝟集している。欧米人相手のディスコでは連夜、怪しげなベリーダンスをやっている。退廃的で妖艶で、「ここは本当に中国か？」と訝しむことしきりなのだ。

さて牡丹江を拠点に北東を見渡せば鶴崗、富錦、同江、ジャムス（佳木斯）、綏芬河、鶏西、虎頭などロシア国境に近い町や村が点在する。いずれも旧満州時代に日本人開拓民が大量に入植した地である。

牡丹江の流れははやく、泥水だが、ここに飛びこんで水泳をやっている人がいる。見ているだけでも寒気を催す。ソ連参戦（昭和20年8月9日）以後、満州開拓団の日本人が、どっと逃げ出した。途中で数十万人が生命を落とした。日本人の霊がまだ鎮まっていない土地だから数珠を手放せない。

牡丹江の朝市で名物とうふ屋の露天に長い列ができている。キクラゲ、キュウリにネギ。魚屋の種類も数種、汚染された松花江の川魚ではなく付近の養殖魚と湖魚が多い。公園では太極拳、社交ダンス、ただし法輪功が弾圧されて以来、気功グループはいない。公園には奇妙なかたちの公衆便所がある。

牡丹江にはその何年か前にも来ていたが、住宅地なのか産業地なのか分からない地区にぽつんと建つ4階建てのホテルに泊まった記憶が甦った。駅から拾ったタクシーに「適当な旅館へ」と言うと連れて行かれたのだ。

ところがフロントにいたのが60歳くらいのオーナーで、片言の日本語を喋った。世代的に日本語教育をうけている筈がないから「どこで習った？」と聞くと、一時、日本語ブームがあってそのときに講習を受けた。これから日本人客が増えると思ったからです、と片言の日本語で答えたのだった。

現代中国で東北三省と呼ばれる貧困地帯のなかで最も貧乏な地帯は見渡す限りの地面が耕されている。ここは文革以降も集団農場がのこり、部隊単位で「農場会社」となっている。地名も「1345部隊農場」とか。農民は「社員」と呼ばれ月給制ではなく年俸のシステムが導入された。

田園風景をよくよく観察すると黒ずくめのボロ服をまとって背中を丸めた農夫が鍬を肩にのせて、とぼとぼと歩いている。貧困はちっとも改善されていないようだ。やっぱり中国共産党の宣伝には気をつけなければいけない。

あちこちに日本時代の痕跡

牡丹江からバスで密山市まで300キロを飛ばした。

何日も日本人と会わないばかりか、日本語をあやつる中国人もいない。辺境へ行けば行くほどに普通語も通じなくなる。

密山には戦後、人民解放軍に協力した林弥一郎の飛行部隊300名が残留した。中国空軍の創設と訓練をした学校跡が記念館となって庭には当時使用したボロ戦闘機の模型が5、6機飾ってある。

そうだ、中国の空軍の創設は日本軍人が指導したのだ。記念館では「日中友好」を謳っている。ロシアとの国境は目の前、国境線は琵琶湖の6倍半もある興凱湖の中央あたりだ。すでに大規模なリゾート地になっていて瀟洒な別荘が建ち並んでいる。凛烈な風が吹き上げて身体が凍り付くようになり、早々に引き上げたが、付近にはロシア土産屋がずらり、夏の観光客を待っていた。このあたりの夏は日本の初冬だ。

ロシア製のライターには火をつけると女体の乳房が点灯する色好みのものもあるが、機内に持ち込めないので土産にならない。

佳木斯は2回目だった。僅か5年ほどの間に駅前が見違えるほどの新築ビル。バス駅は近代的高層ビルに変貌しての急発展、ネオンぴかぴかの大都会、カラオケ横丁に入れ墨屋、イスラム料亭もある。対照的に郊外に残る日本軍の兵舎址はゴミのにおいが漂う。

この都市に立ち寄ったのは知り合いの編集者から「わたしの父は佳木斯引き揚

げです。まだ健在ですので、たくさん写真を撮ってきてくれませんか」と頼まれたことが手伝った。

さらに鶴崗から東へ200キロ弱で富錦へ入る。この町の南方に広がる緩やかな山稜は五頂山（標高450メートル）。じつはここに初めて公開された日本軍陣地址があるのだ。

山の頂きが5つあるため五頂山と命名された。わが皇軍兵士はソ連軍と最後まで戦って玉砕した。数珠と線香をもってバスを降りた。枯れ木、白樺、でこぼこの山道に残雪が残る。だが雪景色の美しさはなかった。轍んだタイアの跡が雪道をどす黒く汚していた。一帯には風力発電の施設が並び、ハイカーはゼロ、バイク乗りが数組のみ。塹壕と大砲陣地の残骸はコンクリートを剥き出しにして敗戦の空しさ、寂寥感が漂う。付近には日本軍が突貫でつくった飛行場跡が残っていた。

ついで富錦から北へ110キロ、同江という寒村に立ち寄った。ここでウスリー江、松花江、黒竜江の3つが合流する。川面は水の色が違う。この三江平野の両側は水が豊かなため水田で稲作ができるのである。

さらに北上を続けて240キロ。中国の最北東端「撫遠」にとうとう着いた。この撫遠を是非とも見たかったのだ。

（ついに北端の撫遠までやってきた）

寒村と予測していたら、まったく予想外の驚き。なんと帝都ペテルブルグのごとき、ロシア風の荘厳な建物がずらりと並び、豪華壮麗。いやはやこれが辺境の町なのか？

外見はとてつもなく近代的で、大都会の風情がある。国策とはいえ、何時こんな都会を短時日裡に建設したのか？

日本で売っているガイドブックにも、いや中国発行の黒竜江省地図にも、この撫遠の急発展は何一つ書かれていない。推定人口4万しかいない寒村がなぜ急に？

3年間の突貫工事だったらしい。答えは単純明快、中ロ間の領土問題が片付いたからだ。爾来、本格的な交易と交流が始まるのでビジネスマン、投資家が集中した。撫遠の目抜き通りの看板は全部ロシア語併記。ホテルのメニューもロシア語ではないか。あたかも夏の軽井沢のように観光客、避寒目的の金持ちを当て込んでホテルもビルも新築中、あちこちにクレーン、ブルドーザーが唸る。

翌朝は午前5時に目覚めたので、散歩に出ると、辻々に早くも労働者があつまって作業を開始している。北端の朝は寒いが、それでも1時間ほど散歩して、ざっと市内を一巡した。ブローカーがトラックを辻に横付けして、あつまった労働者のなかから屈強な若者を詰め込んでいる。夏が終わるまでに新築ビル、マンションを次々と建てるらしく、商店街の看板をみても香港、浙江省、台湾からの華僑の投資が混在していた。

朝早くに店を開けていた雑貨屋に入った。派手なデザインのパラソルが目に入ったからだ。ジロっと店主が筆者を見て、「アンタ、何処からきたの?」「日本からです」「え、日本人がこんなところへ、初めて見るな。遊びかい? ええロシア女いるで……」

この撫遠から鉄道をロシアへもつなぐ計画があり、すでにウスリー河に橋を架ける工事が始まっていた。空港もできた。驚くことばかりだ。

中ロ間の領土係争はハバロフスクの対岸の大ウスリー島（中国名＝黒瞎子島）をロシアと折半し、無人の中州だったダラバーロフ島（中国名＝銀龍島。中州といってもべらぼうに広い）は全部を中国領とした。

大ウスリー島は西半分が「ハバロフスク郊外」と呼ばれていたほど事実上ロシアの実効支配が続いていた。プーチン政権になって２００４年に両国が領土問題の解決に合意し、08年10月14日に正式に議定書が発効した。状況が百八十度変われば、巨大な商機が訪れる。このチャンスを中国の商人が見逃すはずがあろうか。島の真前にある烏蘇鎮には中国軍の監視所もあるが、観光土産屋、遊覧船も浮かんでいた。同江と撫遠はロシアからのアライバル・ビザを認めた。ビザなしでロシア人がやってくる。

黒河、綏芬河、東寧、同江、撫遠でロシアとの交流、貿易は拡大の一途となる、筈だった。しかし後日譚。コロナの二次感染で、これらの国門は扉を固く閉めた。

黒河はロシアとアムール川を挟んで中国最北端の街だ。

黒河へもなぜか2回も行った。足繁く旧満州のあちこちを見て歩いたのは、満州のドキュメントを単行本にまとめようと考えていたからだ。しかし旧満洲は、あまりにも宏大で、これは1人でできる作業ではない。資料あつめもたいへんだが、中国で入手できる資料は悉くが嘘が書かれているから、結局、諦めざるを得なかった。満洲引き揚げは森繁久弥、加藤登紀子、宝田明、なかにし礼ら夥しい著名人がいて、この人たちの手記だけでも迫力がある。

黒河はロシアの影響下にあり、市の南郊外には愛琿条約記念館がある。もちろん見学したが、あれほど無茶苦茶な歴史改竄を行って日本を貶めている各地の歴史館の展示と比べると、ここでの展示や写真パネルなどのロシア批判は政治的に抑えられていた。

黒河対岸のロシアはアムール州の州都でもあるブラゴヴェシチェンスク。中国側からロシア側の高層ビルが見える。川幅は８００メートルほどだろうか。冬は凍るのでバスで渡河するという。それにしてもこの街には中華文化を体現する伝統的な建物がない。立派な高層ビルは政府、共産党地区委員会と公安の建物だけである。

筆者が最初に黒河を訪問したのは20年ほど前だった。ハルビンから飛行機で入ったが、凄まじい豪雨に祟られ、泥沼の道を市内に入ってバスが止まった真ん前のホテルに泊まることにした。中国民航経営のホテルだった。1泊190元くらいだった記憶がある。

落雷がやみ、雨が小降りとなったので国境の見える河畔を散歩した。ロシア側は雨に霞んで見えた。黒河では、なかにし礼原作の『赤い月』の映画ロケが行われた。夜中にホテルの部屋をノックされ、おそるおそるドアを明けると、若い軍人が「ロシア観光にビザなしで行ける」と即席観光の斡旋に来た。

こんな情景を体験すれば、およそ中国軍の末端兵士の士気がいかなるものか想像できる。

黒河市内の看板もロシア語併記がやけに目立ち、なんだか街の中心街はロシア租界風。ロシア人ビジネスマンや買い付け部隊が多いのでエキゾティックな雰囲気も漂い、ホコテンもあるが人通りは少なく、大半の市民は貧乏である。

それでも週2便だった飛行機便は北京、大連などともつながり、いまでは毎日4便の「大躍進」ぶり。高速道路もつながって高層マンションが並びたつようになり、金持ちを相手に「ロシアにも別荘を買いませんか？」（100坪で日本円

黒河の目抜き通りはなぜかわびしい

で600万円ほど）という広告塔もある。他方、ロシア語だけのビルもある。僅か数年でこれほどの変貌！

　商店街で歩道を清掃している女子店員は、そのゴミを公道に吐き出していた。自らの領分だけは綺麗にするが、公の道路がどうなろうと、彼女らの関心事ではない。ショッピングバザールをからかい半分に覘《のぞ》くと服飾品は流行遅れ、時代感覚のおかしい物資、土産品が並び、手に取る気力も起きなかった。

　黒河は、ともかく夏でも寒い。

　繁華街で昼食のあとバスで南下し、一時期関東軍参謀本部があった孫呉へ急いだ。鳴り物入りで完成した高速道路は積雪と雪解けで痛みが激しく、いたるところで補修工事をしている。黒竜江省はロシア国境とも何千キロにわたって国境を接するゆえに森林資源に恵まれ、林業と木材加工が発達している。雪解けの季節は空気が乾燥し、大火となることが多いため全地域が「禁煙」だ。どこでも煙草をすう中国人も、これだけは断固として護る。自分たちの生活がかかっているからだ。

犬肉レストランだけは繁盛していた

夕暮れ前に孫呉に着いた。

3つ星ホテル（孫呉には4つ星ホテルは当時なかった）にチェックインすると公安警察数人が突如、現れ、筆者らのパスポートをデジカメに撮った。監視が厳しくなっている。昔の軍事都市だった面影だろう。孫呉には往時、関東軍参謀部が置かれていた。

孫呉は寂しい街のまま留まり発展から取り残され、黒河のように華僑の土地買い占めもない。ただし犬肉レストランだけは繁盛していた。店先で犬を料理しているので「撮影しても良いか」と聞くと嬉しそうにポーズ。よほど観光客が少ないらしい。

孫呉では旧日本軍の勝山要塞跡が公開された。123師団が作った大がかりな要塞だが、兵舎跡、台所跡、用水路、トーチカ跡など森林公園のなかに展示されている。ほかに731部隊の孫呉支隊跡、火力発電所跡などがぼろぼろの建物を晒している。

公園を所在なげに散歩している人、犬を連れている人、中年アベック、ビデオを廻す観光客など十数人が公園の中にいた。要塞跡の3階にのぼって周囲を展望していたら、2階に上がってきたビデオ男、じつはレンズをこちらに向けている。ぎょっとなった。

（公安だ。散歩や観光客を装って、私たちを監視しているのだ）。

旧関東軍の軍人会館跡を見学して驚いたことがある。2階の将校控え室の看板が「慰安婦室」となっているではないか。歴史改竄が常識とはいえ日本軍の将校会館の内部に慰安婦を入れる筈がない。だが日本軍の鉄則を説明しても現地ガイドはキョトンとするばかりだった。

日本人は遺族、関係者以外の来訪は稀とかで、市の観光局副局長以下が道案内にたち、食事時には名産品の差し入れ、夜行列車でハルビンに向かうというと駅まで見送りにきた。駅にはトイレもない。売り場も外国人が珍しいらしく、一軒でミネラルウォーターとスナックを買ったら、いろいろと聞かれた。

「どこから来た？」と決まり切った質問が第一問だが、つぎは公安調となって、「目的は何か」

「日本ではなんの商売をしているか」等々。

純朴だが好奇心丸出し、待合室で日本から持参した焼酎を振る舞うと陽気に歌い出した。改革開放から40年余、文革の恐怖も去って年配者も安心して酔える状況になったようである。

方正県が残留孤児のメッカである理由

疲れ切っていた。孫呉から夜行列車で、なんとかハルビンに入った。寝台車だったと思うが、到着するまでぐっすりと寝ていた。

午前7時頃、駅頭には開店しているレストランがない。バスですこし先の朝粥へ。

宿泊は松花江（スンガリ）河畔のグロリアホテルだった。5つ星と聞いていたがお湯は出ない、テレビは付かない。風呂はバスタブがないなど豪勢な外見とはえらく違う。それでもキタイスカヤ(※)（中央大街）を歩くと渋谷、新宿を超えるほどの人出、その熱気に圧倒される。この通りにも日本時代の建物が数多く残り、デパートだった松浦洋行ビルは新華書店となっていた。書籍ばかりかスポーツ用品も売っている。

たまたま連休中だったせいで、ホコテンにイナゴの大群のごとき家族連れ、アベック、友人同士。コーナーではファッション・ショーあり、音楽大会に似顔絵屋あり、「若いうちにヌード写真を撮影しませんか？」という宣伝もあった。若い世代の表情には屈託がない。子供たちも携帯電話片手に大声でお喋りをしている。繁栄しているのである。

※ロシア語で中国人街

ハルビンの最大の変化は林立する高層ビルと地下鉄だった。ハルビン駅が改築されたため伊藤博文暗殺現場はわかりにくくなってしまったことも衝撃だった（その後、碑を撤去）。ハルビンは東北地方発展の象徴と化していた。

中国黒竜江省ハルビン市方正県。ハルビンからバスで2時間ほどの距離だが、ここが有名な「方正県マフィア」の出身地だ。

日本の残留孤児がもっとも多い。偽残留孤児の親戚も夥しい。

この方正県の中心から車で15分ほど郊外に大規模な陵墓がある。満州開拓団の犠牲者を祀る「日本人公墓」。ここを「日中友好園林」と呼称している。敷地の半分は中国人の墓地で豪華な墓石がならんでいる。

日本人およそ５０００名が祀られる公墓は、１９４５年に満州開拓団があちこちから方正県に集合したが、この地で５０００人が死亡し、その骨を集めることは20年間禁止された。中国人は政敵の墓を暴き、死体を掘り出して鞭打ったり爆破する習慣があるため、日本人の墓葬に関してはまったく理解がない。

この公墓が襲撃されるという事件があった。

2011年8月3日午後3時、尖閣奪還をさけぶ狂信的排外主義カルト＝「保釣連合会」の5人が北京からやってきて、「侵略軍日本の墓地を祀るとはなにごとか」「中国人をなめているのか」と叫び、石碑にペンキをかけ墓園を破壊しようとした。

そもそも日本人公墓が建てられたのは周恩来の肝入りだった。「満州開拓団も被害者だった」として日中友好の記念に陵墓建設を認可した。縦3・8メートルの祈念碑、周辺には残留孤児育ての親たちへの感謝碑もあり、増築がなされていた。2011年7月28日には犠牲者250名の日本人の名前を新しく石碑として増設し、その除幕式には瀋陽総領事の松本盛雄が出席した。

発端はネット世論だった。1人の反日分子が日本人墓地問題を投稿し、反日に火がついた。テレビ番組が批判的に取り上げた。はじめて方正県に日本人公墓があることを知った反日カルト5人が北京から急いで方正県の墓地に駆けつけた。ネットでは日本人の墓を祀るのは日本の軍国主義を礼賛すると同義だとか、まったく歴史に無知な投稿があった。

方正マフィアと日本人墓地について筆者は拙著『上海バブルは崩壊する』、

ハルピンから東へ3時間。方正県郊外の日本人墓地

２０１０年、清流出版）のなかで既に次のように書いている。

「『残留孤児』と言えば黒竜江省と相場がきまっていたが詳細を調べるとハルビン近郊の『方正県』がトップだ。前々から奇妙な現象と考えてきた筆者は（２０１０年の）４月から５月にかけての黄金週間を利用して実際に黒竜江省の方正県に行ってみた。ハルビンからぶっ飛ばして２時間半ほど。田舎町なのに異様な光景が飛び込んできた。金持ちがリムジンを疾駆しているのではない。走っているタクシーもぼろぼろ、しかし相乗り。異様と思える光景は町の看板がほとんど日本語併記だったことだ。『六本木の味うま』『くつろげ味』『したし味』とか意味不明の表現も多いが、どうしてこの方正県だけが？

郊外に中国でおそらく唯一例外の日本人墓地がある。そうだ。満州帝国が潰え、ソ連が侵攻してきたとき、開拓民が一斉にハルビンをめざし逃避行を始めた。方正県は桂木斯、鶴崗、牡丹江などからの通過地点だった。だから引き揚げ途中で餓死したり、ソ連兵に殺されたりした犠牲者を祀る日本人墓地は５０００坪ほどの敷地、麻山自決事件（４２１名の日本人開拓団がソ連軍を前に集団自決した）で犠牲となった日本人も合同埋葬されている。

日中国交回復以後、日本の政策の中心に日本人残留孤児さがしが国をあげて行われたことはご記憶だろう。相当数の『孤児』がＤＮＡ検査などで分かり、日本の親戚に引き取られた。その後、残留孤児の『育ての親』『その親戚』が（日本に）やってきたが、一部には戸籍をでっちあげて日本に渡った。その数およそ10万。そのうち４万人から５万人が方正県出身なのである。かれらがいつの間にか、池袋（のチャイナタウン）に進出していたのだ」

石碑破壊事件は関係者ばかりか日本への移住者、残留孤児が多く日本との関係で経済繁栄してきた方正県にとっても想定外の出来事となった。

中国新幹線事故の大惨事で中国内のネット世論が辛辣に当局を批判し、くわえて日本のマスコミが「パクリ新幹線」と報じていることに、狂信的な反日カルトらは反感を抱いていたため当局の新幹線事故批判のすり替えをネット上で行う思惑と絶妙に重なった。

尖閣衝突のおりも、なんら関係のないフジタ社員に軍事施設を撮影したなどとイチャモンをつけて拘留し人質とした遣り方と似ている。しかも人民日報系の環球時報が社説で「撤去せよ」とする論調を掲げたため、恐れをなした方正県はただちに撤去作業に移った。

しかし、この石碑は日本が浄財1000万円をあつめて建立したものである。

13. 北朝鮮国境は、いま

瀋陽の日本人街は壊され、新しい町に

こんどは北朝鮮との国境の町へ行ってみよう。

大連から特急で瀋陽に入った。当時、新幹線が開業したばかりで満員が続き、朝の従来線の列車しか切符が取れず、瀋陽着は昼ごろになった。旧満鉄の「あじあ号」を思い出しながら沿線風景を愉しんだ。

瀋陽でもいくつか衝撃的なことがあった。

第一に東京駅を真似た駅舎として有名だった旧駅のどっしりとした赤煉瓦の建物がとうとう取り壊され、反対側の西口に巨大な駅ビルとターミナルが出現しているではないか。新幹線は西口側で発着する。東口は駅舎もろとも商店街も埃を上げて突貫工事中だった。

そのうえ地下鉄が開通している！　日本では報道がなかったので、現場に立つまでは知らなかった。

第二に「奉天」と言われた日本時代には各地に日本人租界のごとき日本人街、商店街があった。中山広場のヤマトホテルを中心に「浪速街」など隆盛をきわめた百貨店「松浦洋行」は露西亜系ユダヤ人の「秋林」（チュウリン）に看板を換えたが、往時の建物のままだった。付近は安酒スナックや簡便食堂が数知れずあった。

戦前、日本が建てた「ヤマトホテル」の豪華ロビィは数々の映画のロケでも使用された。その真ん前に毛沢東の巨大な銅像が聳えている。右手を前に挙げたポーズの毛沢東像をみて、若者が言うのは「タクシーを止めようとしているおっさん」の由。

付近は高層ビルの建築ラッシュが続き、クレーンが唸り、古色蒼然とした旧街と対照的だ。ところがセピア色の古き良き時代の風景を求めて、わずかに雰囲気を留めた旧日本人街が「新婚アルバム」の格好のロケ地になっていた。中国人は結婚のアルバム作りにはカネをかける。なかには数百万円もかけて、婚前旅行を兼ねての海外ロケ組もいる。

そのビルの隙間に貧民街が残っている。うら寂しい横丁の入り口は青果店、飲食店のほか入れ墨専門店、潰れたダンスホールの無惨、客の少ない日本料亭は売りに出ているようだ。隣が回転寿司。ぽつねんと新聞を読む老人が印象的である。こうした町の風景の表と裏をみていると、どうやら貧富の差はますます開いていることが分かる。

結婚アルバムの撮影風景。西湖

第三は日本領事館がアメリカ領事館と隣り併せて十四緯路にあるが、脱北者の駆け込みと反日デモを警戒して大通りからのクルマの進入を禁止していた。別の機会にもタクシーで領事館前に乗り付け撮影しようとしたら警官が飛び出してきて、「撮影は禁止だ。あっちへいけ」と怒鳴られた。

ハンミちゃん事件をご記憶だろう。2002年5月8日、脱北の少女一家5人が日本領事館に駆け込み、中国の官憲が「日本の領土」にどかどかと踏み込んで、一家を拘束した事件だ。明らかなウィーン条約違反であり、日本は珍しく主権侵害と中国を一斉に批判した。国際問題に発展したため一家は幸運にも韓国へ亡命することができた。

郊外にある「九・一八歴史博物館」（看板は江沢民の揮毫）がどうなったか、再訪してみた。ひしゃげた格好の奇妙なビルの前にパトカー、白バイが停車していて抗議活動を極度に警戒していた。反日の中国人活動家が、何か騒ぎを起こそうという情報が流れていたからだ。

写真を撮っていると、その横の高架を轟音とともに新幹線が通過した。「いつ開通した？」と待機させていたタクシーの女性運転手に訊くと「まだ試運転中ですよ。年内開通では？」とあまり興味もなさそう。

第四に駅前開発の犠牲で、不法屋台や露天商が一斉に手入れを受け、そのあおりでシャッターをおろし、連帯して一斉休業形式で当局に抗議した五業商店街がある。ここへも行ってみて驚き、あの屋台の露天商は地下のショッピング・アーケードに移転していた。地上はH＆M、伊勢丹、ＺＡＲＡ、ユニクロなど外国企業がぎっしり（その後、伊勢丹は撤退した）。露天商は近くの道路に移動し、極度にカメラを警戒している。ルイ・ヴィトンの偽物財布が500円だった。ビニール製で子供のオモチャである。

韓国人激減、国境の町＝丹東へ行って了解できた理由

瀋陽であれほど目立った韓国人が、ほとんど消えていた。理由は北朝鮮の真ん前に開けた街、丹東へ行ってみて分かった。

瀋陽─丹東間は昔のままのローカルな列車に揺られた。このルートは新幹線が通らない。

山間部や炭鉱町を走るが、乗客のマナーの良さがむしろ不気味である。4時間の車中、トンネルをのぞけば台地、平野、トウモロコシと稲作。山間には山羊がいる。石炭の集積所は山盛りの在庫。車内で携帯電話に大声を張り上げる手合いが減り、デッキに灰皿があるが喫煙する人も少ない。マナーの迅速な向上ぶりは日本の影響だろうか？

途中の炭坑街、本渓ではブルドーザーやクレーン置き場が満杯、採掘現場は人出も少なく活況が失われている。理由は石炭を取りすぎて在庫の山が築かれ、鉄

鋼製品は売れ残りの山。その生産現場に不況の風が吹くが、一方で強気で開発したマンション群が軒並み廃墟と化しつつある。ゴーストタウンは中国全土に共通である。

途中の駅で驀進してきた軍用列車に追い抜かれた。客車部には兵員、無蓋の貨物車には戦車、装甲車、火砲を積んでいる。北朝鮮国境へ移動しているのだ。瀋陽軍管区（現在の北部戦区）が北朝鮮の異変を警戒し、軍の配置を換えているという当時の軍事情報を裏付ける。

鴨緑江に面する国境の町＝丹東。日本時代の安東である。戦前は、この町に銭湯が何軒もあった。この丹東でも韓国からの観光客が激減していた。目の前に肉眼で見える北朝鮮を観察しようと韓国からのツアーがひっきりなしだったが、要するに北朝鮮観光ブームは終わっていたのだ。

鴨緑江を1時間半ほどクルーズする観光船も、意外と空いていて双眼鏡でつぶさに北朝鮮の町並み、人々の生活を望見できるのだが、あいかわらず川向こうは活気がない。生産の煙も見えない。

韓国は遼寧省、吉林省の朝鮮族を雇用して多くの工場を稼働させてきた。ところが数年前から、まずは山東省から韓国人の夜逃げが目立ちはじめ、つられて遼寧省南部からも韓国企業の撤退が相次いだ。北朝鮮観光に行きたくともビザを取れない韓国人グループは団体バスで丹東の河畔、鉄橋のつながる場所でチマチョゴリを着て記念写真を撮る。周辺には北朝鮮の切手、通貨、バッジなどが売られているが、いまこれらの土産を買うのは中国人観光客である。ここまで来る日本人は滅多にいない。

朝鮮戦争で爆破され、切断された橋梁は、そのまま残って「観光名所」。先端箇所にカフェがあったのはご愛敬というべきか。

丹東側の川岸に並ぶ料亭や新築のビジネスホテル。韓国資本の夜逃げでレストラン、ホテルが改称されている。要するに中国資本に取って代わられており、繁華街には新築のビジネスホテルが4、5軒も建っていた。

その後、中国も北朝鮮への経済制裁に加わったため、どこもビジネス客が少ないので閑古鳥。かわいそうなくらいである。ショッピング街にも客がおらず、ピンク系マッサージも海鮮料理店も開店休業状態。わずかに中国国内からの観光客がぶらぶら歩いて朝鮮人参などの買い物くらい。

もう1つの理由は北朝鮮のハッカー部隊が、丹東の安宿やホテルに分宿し、さかんにランサムウエアなどのハッカー戦争の発信基地としていたが、これも欧米の偵察と抗議で、どうやら丹東から姿を消したと噂されていた。

鴨緑江の河岸に1軒だけ満員のレストランがあった。地元民で混む火鍋屋だった。対岸に霞んで見える北朝鮮の新義州市の夜は漆黒の闇。工場の煙突から烟が見えない。10年ほど動いていない観覧車が虚しい風景をさらに寂しくさせる。中国側はネオンが輝く。

丹東の「売り」は北朝鮮が直にみえるという観光の強み。二番目は万里の長城の北東端（虎山長城が残る）、三番目が朝鮮戦争の展示をする「抗美援朝記念館」が山側に仰々しく建てられ、つい最近まで「朝鮮戦争は米国と南の傀儡が仕掛けてきた」と嘘宣伝を繰り返していた。往時のミグ戦闘機や大砲も飾ってあるが、不思議にも反米色が薄く、むしろ朝鮮戦争と無縁だったはずの日本の悪口が並んだ。この街は地図を広げると鮮明に地形の特色が把握できる。丹東は鴨緑江に沿って東西に長い。この細長い街を北東へ向かって山道を行くと遠方に長白山（白頭山）が聳える。北朝鮮の金王朝の始祖、金日成が生まれたという「神話」

の聖地である。

日本時代の安東（丹東）には数軒の銭湯もあった

丹東は急発展して人口は280万人に膨らみ、市内にはあちこちに摩天楼が林立した。2014年あたりまで、軍の関係企業やOBが名前だけの「貿易会社」を設立し、北朝鮮との貿易利権を独占していた。習近平政権となって旧瀋陽軍管区の幹部を入れ換え、貿易企業幹部を逮捕した。したがって、軍の持っていた利権も雲散霧消。いまは1日数十台のトラックが食糧などを積んで北朝鮮援助に運行されているくらいだ。これもコロナ以後は中断された。

丹東市内の路線バスは縦横無尽に走り、タクシーも綺麗になった。街を一歩出ると白い柳、せせらぎ、白樺、野菜畑とのんびりした田園風景が広がり、なぜか心が和む。

先代の金正日将軍様が、06年1月と2010年5月の中国訪問の際に鴨緑江を特別列車で渡河した。このときは丹東まで温家宝首相が出迎えた。おりから鉄道橋の改修工事を終えたばかりだった。

夏のハイ・シーズンに行ったときは、中国側の河畔沿いには高級海鮮レストランがずらーっと並んで壮観だった。

いけすから鮮魚や何種類もある貝を選び、その場で焼くなり煮るなりする。価格も安い。アベックや家族連れも気軽に入ってくる。筆者もネオンの派手な1軒に入り石狩鍋のような盛り合わせ（量が多く半分以上を残す）にビールを2本。勘定というと500円もしなかった。

支援物資を北へ運ぶトラック群（丹東市内で税関検査を待つ）

鴨緑江には遊覧船、観光ボートがひしめき、北朝鮮を肉眼でみようと韓国からの観光客が大型バスを連ねてやってきていた。それも2階建てシースルー・バスの豪華版だった。貸し出し自転車は2人乗りタンデムではなく3

人乗りが多い。珍奇を衒うのはかの民族の特性らしい。河畔の観光歩道に露店が十数軒、パラソルの屋根、朝鮮特有の民族衣装を貸して記念写真を撮る韓国人相手の商売、ときおり警官が見回りにくる。警官の表情にまるで緊張感がなかった。

パラソル屋台のおばさんに、「ロシア人はあまり来ないの?」と聞くと「中国はロシアの(北)朝鮮介入を牽制するために援助しているけど、われわれから言えば、あんなわけのわからない政権を助けるくらいならもっと税金を他へ回して欲しい」と率直なことを漏らす。これも世論のあり方が中国の官製報道とは異なることを如実に物語っている。

北朝鮮と山岳でつながる地点は集安だ。

この街は長白山の麓、鴨緑江の上流に開けた田舎臭い町である。まわりはトウモロコシ、麦、稗などを栽培していて、これという産業は北へ100キロ、通化市(日本軍が敗走のおり一時的に参謀本部が置かれ、終戦のどさくさ時に3000もの日本人が虐殺された場所)まで行かないとない。その通州にあった製鉄所も閉鎖された。

集安の町も至る所にクレーンが林立して高層ビルを建てており、たぶん人口7万という公式統計より5割は多く、隠れた北朝鮮からの流民、移民がいると推測できた。市内のかたすみにぽつねんとキリスト教会があったが、人の気配はなかった。

特筆しておくべきが2つ。

この集安に「広開土王」の石碑がある。歴史論争が続いて、はては関東軍がでっち上げた偽物説まであるが、ようするに朝鮮半島の南側に日本府があって、神功皇后の三韓征伐、白村江の戦とは日本が百済を応援した戦争だったことなどの史実が、ちゃんと書かれている貴重な歴史的遺物である。日本の対外戦争の嚆矢は「白村江」だった。『日本書紀』には大和王権が朝鮮半島の任那、伽耶を統治していたと記されている。

集安の「広開土王碑」には倭が新羅や百済を臣従させたと記されている。新羅と百済は王子を日本に人質に差しだしていた。任那日本府があった意味は朝鮮半島の南端は日本の統治下にあったということである。唐が新羅を攻め立て、ついで百済を侵略した。唐の大軍に対して日本にいた王子が大和朝廷に救援を求め、斉明天皇自らが大軍を率いて瀬戸内海からの出軍、途次の福岡で急逝する。防衛路線を継いで日本は半島に出兵したが、白村江の戦いで敗れた。

この集安にまで観光にくるのは主として韓国人。理由は世界遺産に登録されたピラミッド型の高句麗王陵墓に登るためである。観光客に溢れ、山奥の町なのに市内に海鮮料理がある。値段も高いが、韓国人がどっとやってきてカネを落とす。つられて筆者も入ってみたがエビなど結構美味だった。

こんどはロシアとの国境地帯。琿春の貿易特区を見に行った。中国とロシアと北朝鮮が接する要衝に開け、税関のビルだけは威容を誇っていた。他方、ロシア側の開発が遅れていて、とても工業特区とは言えない状況だった。

琿春で雇ったタクシーは、なんと1950年代のソ連製ラダだった。ホテルもレストランも朝鮮族、なにしろ吉林省延辺朝鮮族自治州は、住民のほとんどが朝鮮族である。

琿春へも、図們へも行くには延吉が拠点となる。ホテルの部屋は入るなり、キムチの臭いがぷーんと立ちこめていて往生した。ちゃんとしたビジネスホテルなのに1階入り口に怪しげなバアがあって厚化粧の女たちが屯していた。

延吉からボロボロの汽車で琿春へ向かい、かえりに図們に立ち寄った。図們も朝鮮人が多い、狭い町である。人口は13万人くらい、北朝鮮との貿易拠点で、そこそこ商業は活発だった。図們は朝鮮語で「図們江」。戦前の日本時代には、この町に天照大神を祭る図們神社があった。

河岸まで足を延ばすと、目の前の北朝鮮までボート遊覧があった。川幅は最大でも50メートルくらいで、もっとも近いスポットでは北朝鮮との川幅は20、30メートル。泳いでも簡単に渡河できる。脱北者は、ここで警備兵に賄賂を渡し、中国側へと亡命するのだ。

河畔にボート屋があって、すぐ国境のところへ接近するという。30元だったか。救命着をきて乗った。舵取りは「カメラを向けるな」と注意した。なぜなら雑草のなかからぬっと北朝鮮兵士が顔を出すからだという。脱北を警戒しているらしいが、肉眼でも間近にみた北の兵士らに生気がなく、痩せていて飢えをあらわしていた。

中国の北朝鮮国境も凄まじい変化に見舞われていた。

14. 内蒙古紀行

牧畜とゲルとチーズ酒

「内蒙古自治区を見てきます」と友人に言ったら「牧畜とゲルとチーズ酒ですね」と連想ゲームのように印象を告げられた。しかしそれらは十数年前の風景である。

いまの内蒙古自治区は経済成長激しく、意外や意外、繁栄を享受し、街はクルマの洪水、コロナ禍の前まで、豪華レストランは満員だった。遊牧民族が馬を駆って山羊を追う、のんびりした草原地帯というイメージはとうに消えてしまった。

再訪すると、意気消沈の日本人がうらやむほどの景気の良さだった！

草原と馬と羊のくにが、レアアースによって外貨が雪崩れ込み、摩天楼乱立は町づくりに秩序がなく、テンでバラバラの建築思想でひたすら建物の派手さを競った。無思想と美観の欠如。バブル崩壊があれば、間違いなく震源地となる可能性のある場所に激変したのだ。

実際にゲルは激減し、遊牧民は都会のマンション暮らしが奨励され、付近の工場で就労するケースも増えた。ゲル（中国語はパオ）に泊まる「草原ツアー」にでも参加しない限り、一般人が牧草地での宿泊も食事も難しくなった。

内蒙古自治区の省都はフフホトである。西の拠点はパオトウ（包頭）になる。20年ほど前にも筆者はフフホトを取材した経験がある。夜、星々が手に取るように近く風景は寂しく、もの悲しく、平原のオアシスに低層の住宅と裏寂れた商業地区があった記憶しかない。商店街の入り口には岩がごろごろと重ねられており、何かと思えば岩塩だった。貧困なイスラム街と公安に監視される仏教寺院という貧弱な印象を抱いた。

２０１３年に再訪してみれば街はぴかぴかに整備され、新築の摩天楼が目立ち、しかも車はベンツ、アウディにＢＭＷと新車が多い。人々の身なりも格段に良くなっていた。宿泊したホリディインホテルでは一般市民がグループで食事にきていた。相変わらずリヤカーの運搬人、リキシャもあるが、朝夕のラッシュ・アワー以外、利用者がいない。鉄道駅に屯した出稼ぎ労働者の群れも激減していた。

大召というチベット寺院には観光バスの列ができるようになり急激に人出が増えたが、同時に急速に悪く俗化していた。「女神大酒店」というやや豪華なホテルでは昼間から酒を飲んでいる地元民。ロビィに入るなり酒臭いのである。（何かが崩れた。カネに酔って大事なものが壊れたナ）。

他方、イスラム街はぴかぴかの新都心に変貌して外装こそ立派だが、巨大モスク前にはアラジンの不思議なランプをもじった金ぴかのオブジェがあって記念写真の場所となっている。

フフホトにはチベット仏教の僧院が建ち並び、日本と縁の深いお寺が多い。その仏教の町の目抜き通りに白亜の巨大なモスクが林立しているのだ。突如、町の景観に変調を来すような違和感があった。地図を見比べてこのモスク街が仏教寺院を取り囲むように建っていることが気になった。モスクの中へ入ると洋装品のバザール、古本の屋台、モスクなのに宗教書は一冊もなく、礼拝堂は倉庫となっていた。宗教を餌にした観光施設、おぞましい限りである。モスク前の広場ではテント村ができてバザールをやっていた。

なんだかアリバイ証明的にモスクの外環だけを整えているだけとみた。

雨で道路が陥没し、あちこちに水たまり

観光名所、寺院の拝観料が2倍から3倍に跳ね上がっていた。ついでに言うと公共バス料金も値上げされ、長距離バスは3割ほど高くなっていた。ジンギスカンの御陵に到っては入場料を１１０元（１６５０円強）もとる。幸い（?）筆者は高齢者ゆえパスポートを見せると「老人割引」で半額になった。

建設現場労働者が激減していた。２０１３年に北京を襲った豪雨は77名の犠牲をだした。同年八月初旬の台風は上海で大きな被害がでた。ちょうどその頃に旅行したので内蒙古自治区の各地で洪水があって道があちこち陥没、凹凸だらけ、泥水。道路整備を怠り、手抜き工事の悪影響が露呈していた。道路インフラが遅れているのは否めない現実だった。

貧富の差の拡大ぶりにも驚かされる。豪華瀟洒なレストランにＢＭＷやベンツで乗り付ける「資源成金」の脇に乞食がまとわりついている。この地方の乞食はしつこい。

繁華街では流行のホットパンツにアイスクリームを食べ歩く若い女性が目に付いた。日本の風景と変わらず、行儀が悪い。高級レストランはごった返すほど混んでいて党幹部とおぼしき人間と企業幹部が昼から白酒を飲んでメーターを上げている。

タクシーが掴まらないことも驚きだった。北京や上海と同じである。この「周回遅れの繁栄」は、いずれ周回遅れで不況に陥没するだろう。中国人は来生信仰が希薄なので、刹那的で、いたずらな拝金主義に突っ走り、いまさえ良ければ人生すべてが良いという賭博的な人生観が露呈している。宗教観の希薄な漢族はとくに来世を信じないが、チベット仏教徒とイスラム教徒は別である。

ともかく内蒙古自治区の「意外な」経済繁栄は石炭とレアアースが貢献した。

高度成長にともなって需要がのびた石炭であぶく銭が入り始めた。当時、石炭価格が４倍となり、電力のみならずバイヤーは競争で買いに来る。地元はウハウハ。そのうえ次世代ハイテク製品の中枢部品に必要なレアアース埋蔵量が膨大であることがわかり有頂天となった。

レアアース相場は30倍に跳ね上がった。

「石炭成金」と「レアアース成金」が内蒙古自治区のあちこちに出現し、「次に儲かるのは不動産だ」とばかり実際の需要があろうが、なかろうが市場原則にはお構いなく豪華マンション、別荘などハコモノをむやみやたら官民挙げて建築した。

結果、各地に出現したのが「鬼城（ゴーストタウン）」だった。

フフホトでは新設された内蒙古博物館を見学した。

中華愛国、チャイナファーストと、中華ナショナリズムを丸出しにした展示が続くのだが、規模としては上野の国立博物館の2倍ほどの広さがある。入り口では外国人とみると闇両替屋がわっと寄ってくる。このあたりの田舎ではドル入手が難しいからだ。

内蒙古博物館は豪華絢爛、恐竜時代からマンモス時期を経て、匈奴、突厥など騎馬民族の跳梁と漢族王朝との闘い、和解までの歴史を描くジオラマもふんだんに飾られている。近代の中国共産党の内蒙古侵略は「解放」と改竄されている。展示パネルの圧巻はレアアース自慢、宇宙船自慢の2つ。中華ナショナリズムを鼓吹し、次世代文明は内蒙古自治区に発展の秘訣があるとばかりに誇大な宣伝陳列をしていた。

見学した日は日曜日、家族連れ、子供の夏休みで内蒙古博物館は人出で溢れていた。キャンペーン期間中なので入場料も無料だった。

かくして最貧地域だった内蒙古自治区が資源に導かれて活気に溢れ、落ちこぼれを除いて多くの人々は幸福感に浸った。宇宙船「神舟」の着陸地点も内蒙古の砂漠なのでお祭り騒ぎになった。

この中華思想に収斂させていくやりかたの背景には内蒙古自治区の当時の書記、胡春華の政治的打算と野心がちらつく。「習近平時代」のあと、つまり「次の次」のトップレースの筆頭を走るのが胡春華で、2012年にするりと政治局員入りした。当時ライバルと言われた孫政才（吉林省書記）は醜聞が暴かれて失脚した。したがって習近平のあとは、胡春華の天下が来ると共青団は期待している。習近平は胡春華を極度に警戒し、政治局常務委員には昇格させないのだ。

内蒙古自治区の第二の都市はパオトウ、満員電車に揺られてフフホトから2時間とちょっとで着いた。冷たい雨に祟られた。

パオトウの新開発地区は早くも幽霊都市の趣きとなっていた。誰も入居していないマンション群がニョキニョキと林立している。鳥肌が立つほどに恐ろしい風景である。毛沢東の「大躍進」のネガフィルムを見ているような錯覚を抱いた。そうか、中国のバブルの発生と破裂は、飢餓が実態だった「大躍進」の裏返し、か。

パオトウ市内の目抜き通りには高層の「レアアース国際大酒店」という34階建てのホテルも建築された。「さぁ、次は新都心建設で儲けよう」とかけ声も勇ましく、地元の起業家や行政側が強気の読みをしたのも無理はなかった。

パオトウ新開発区では05年から高層ビル、とくにタワーマンション建設がラッシュを迎え、およそ三万坪の新開発区が設定された。パオトウ市東河区のあちこちにも高層ビルが林立したが、基本的に人口が少ないので売れ行きはサッパリ。

中国沿岸部の投資家からみると、内蒙古の印象が薄く、投機の対象になりにくいのだ。

資金を転がすため「投げ売り」が始まっていた。売り出し価格の10分の1の値段で多少の取引が成立するという。くわえてパオトウは1996年5月3日にマグニチュード6・4の地震に襲われ、家屋倒壊などの事由により旺盛な住宅需要があったが、それも終わっていた。

パオトウがレアアースの本場だ

パオトウ市で見たかったのはチベット寺院と人々の信仰ぶりである。また漢族へのルサンチマンの風景が拾えるような場所だった。パオトウからバスで2時間かけて東北へ行けば有数のチベット寺院があるが、1日がかりとなるので市内西北部にある昆都崙召を見学した。

湿地帯を埋め立てて開いた古刹だが、付近は工業ベルト地帯、つまり鋼鉄、鉄鉱石の工業地帯であり、河畔にはブルドーザーのレンタル屋が並び、車の往来は激しいが歩行者が少なく、寺院はわびしい風景で門前町もなく、境内で五体投地をしているチベット仏教信者が数人、巡礼が2組、チベット僧が10人ほど。

パオトウは漢族の入植激しく、いまや住民の95％は漢族のようである。繁華街のデパート前には白い毛沢東像が屹立している。

このパオトウは110万都市だが、ちょうど静岡市が駿河城跡を中心の旧静岡市と東へ20キロ以上の距離がある清水市が合併したように、パオトウも東河区と旧城内諸区とは20キロも離れている。5分ごとに走る東西横断バスは、運賃僅か1元5角（20円）、なんと1時間以上もかかる。中間に位置する湿地帯は「ジンギスカン森林公園」となって奥行きが深く、旧市街区よりにシャングリラホテルなどが建ち並ぶというような都市づくりがなされた。

周辺には山手線内ほどの広さの工業団地（いずれもレアアース開発区）が3つもあって、クレーンが林立し、工場などの建設に勤しんでいたが、これも廃墟となる懼れが大きい。というのも中央政府により沿岸部から内陸部へ工場移転が奨励されて補助金、予算がつく間はプロジェクトの取り合いだが、企業進出がまったくないのが現実だからだ。

つぎにパオトウから長距離バスでオルドスへと南下した。3時間近くかかる。世界に悪名を轟かせた100万のゴーストタウンはオルドス市の南郊外にある。草原の台地に忽然として開発されたカンバシ（康巴什）新区だ。この場所こそが中国の不動産バブルが破裂した「もっとも悪名高い」現場である。

『タイム』（2010年4月5日号）が写真入りで報道し、「100万都市はできたが住民が誰もいない」という衝撃の写真が添えられた。草原に蜃気楼のごとく突然、100万都市ができたのだ。

区役所、党委員会ビル、学校、商店街、医院、ショッピング・アーケードに映画館、豪華ホテル。これらすべてがシャッター通りだ！

ところでオルドス市は、日本で活躍する楊海英（静岡大学教授）の出生地である。オルドス市そのものは広大な面積を誇り、人口は150万。旧市内の人口は40万、新開発区は市の周辺にいくつもあり、工業団地の造成も進んでいる。いずれも砂漠に建設した新造区で、問題の康巴什新区も、そのなかのワンノブゼムでしかない。

実際に康巴什区を見学すると、「観光客」がうじゃうじゃと鬼城という「廃墟」

を見に来ている。中国最大のバブル崩壊の現場を一目見ようというわけだ。市のど真ん中、区役所ビルと公園を挟んでジンギスカンや神馬のオブジェを背景に記念撮影をしてはしゃぎ、夜は誰もいなくなって怖いと地元民がいう。

ゴーストタウンの建設は２００３年から始まり、07年頃までは地盤改良と造成期間だから不動産価格は上昇し続けていた。

これを千載一遇の投機機会と読んで、他省の投資家らが家屋も建たない裡に着手金を打った。デベロッパーは運転資金が続いた。

初期は豪邸が中心でメゾネットの瀟洒な別荘など７００棟が作られたにすぎず、物件はすぐに売れた。この勢いを背にして、およそ10万坪の宅地開発に豪邸建設ラッシュ、高層ビルのマンションが林立する。バブルは２００７年から２０１０年まで続いた。

そして現在、どの方角へカメラを向けても無

新築ショッピングモール　テナントなし

惨な廃墟、誰もいない豪華マンション、1軒の店も開店していないショッピング・アーケード、客がこないスーパー。これら残骸が「100万都市」を謳ったオルドス市康巴什区のゴーストタウン（中国語で「鬼城」）化した無惨な光景としてカメラの前に晒されていた。

高層ビル乱立の町に人通りがない情景を想像していただくと良い。信号が点滅しても、車の通行がないという「鬼城」風景を。

南モンゴルの悲運

コロナ災禍に隠れたが、西側は中国の少数民族弾圧を非難してきた。

筆頭はチベット、そして強制収容所が暴かれたウイグルを西側メディアは大きく報じるようになった。こうしたチベット、ウイグルの民族弾圧の原型は南モンゴル（いまの内蒙古自治区）にある。

戦前、モンゴルの徳王は親日派で、日本軍支援のもと、独立を追求していた。突如の敗戦、日本が引き揚げた後、モンゴルはヤルタ協定によって北をソ連が抑え、南側を中国が支配することが決められていた。当初、少数派だった漢族が大量に入植し、1000万人となって多数派である。中国共産党の支配に立ち上がった民衆のうち34万人が逮捕され、2万7900名が処刑され、生き残った12万人も身体障害者となったという数字は公式見解である。1968年から76年の文革期、80万人が拘束されたとする見解がある。この数字からみれば、ウイグル100万人収容所入りは驚くほどのものではない。

内蒙古自治区の首都フフホトへ筆者はかれこれ3、4回ほど行っている。同自治区の北は満洲里、ハイラルからノモンハンの現場、西はパオトウからオルドス、さらに南の「チンギスハーン御陵」まで歩いているが、飛行機や汽車の乗換がフフホトのことが多いからだ。

楊海英『「中国」という神話——習近平「偉大なる中華民族」のウソ』（文春新書）は「真実」を書いた中国史である。中国の軍事力の脅威は日増しに高まっているが、楊海英教授はまず、その軍事力は内陸アジアに向かっており、「強国」イメージの習近平体制がかかえる最大のアキレス腱は、ウイグル、南モンゴル、チベットなどの内陸部だと喝破する。「歴史始まって以来、中国と内陸アジアは衝突しつづけてきた。そして、内陸アジアの動静は中華の運命を左右してきた。中国にとって、内陸アジアはその死活を握る、地政学上重要な存在」とする。

なぜなら「中華の思想や価値観は一向に万里の長城を北へ西へ超えることはなかった。仏教とキリスト教、イスラーム教は中国に伝わって定着したが、中国起源の道教や儒教が嘉峪関より西へ広がることはなかった（中略）。中国的な価値観と思想は、遊牧民にとっては異質な生き方で、受け入れがたい精神として映っていた。つまり内陸アジアの遊牧民にとって、中国人ははっきりと異なる文化、文明に属する」（楊前掲書）。

だから匈奴、突厥、吐蕃に軍事的に制圧されると、中国は遊牧民に女性を贈ることで「結婚による民族戦略」を行使してきた。中国人の認識では「中華の嫁を妻とした以上は、うちの婿だ」という中華的で独特な発想が根底にあり、相手の政権は「中華の地方政権」という身勝手な論理が露呈する。だから「チンギスハーン」はいつのまにか、「中華民族」の英雄となるのである。モンゴル人が漢族を征服した屈辱の歴史は、かくして中国の歴史教科書からも消える。

そこで楊教授は2つの歴史的イベントを、克明に詳述する。おそらくこの話、日本人の多くが知らないのではないか。

第一の典型的な「神話」は匈奴に嫁いだ「王昭君」のこと。第二が「文成公主」である。

現代中国ではこの2人の姫君が遊牧民に嫁いだことは「和宮降家」のごとき扱いなのである。

遊牧民の呼韓邪単于《こかんやぜんう》に漢王朝は宮廷にいた王昭君を嫁として嫁がせる。紀元前33年のことである。

（そんな古代から政略結婚も政治戦略の手段だったのか）。

王昭君は子をなし、「悲劇的女性」、つまり中華のヒロインとして描かれるようになる。歴史改竄は朝飯前、現代中国では、王昭君は異民族と結婚し、その屈辱的な風俗習慣に耐えても宥和をはかったゆえ「民族団結のシンボル」となり、2000年前の墓場から政治的にヒロインとして突如甦らせた。

フフホト郊外に巨大テーマパーク「王昭君墓地」なるものがあって、次々と観光客を呼び込んでいる。復活したヒロインの記念公園には彼女と夫の呼韓邪単于が夫婦仲良く馬に乗っている巨大な銅像が聳えている。テント村の売店ではチンギスハーンの絵画、人形、Tシャツも売られている。

この王昭君墓地を見学したのは、かれこれ十数年前である。タクシーを雇って、フフホト市内から30分ほどだった。車を待たせ、テント村に入り、この新しい神話のオブジェが並ぶ場所（彼女の墓地であるかどうかは誰にも分からない。2000年前の話を突如、甦生させたのだから）を見学した。彼女は側室の1人でしかなく、しかも呼韓邪単于の死後は、その息子の側室として2人の娘を産んだ（これが遊牧民独特の「レヴィレート婚」）。そうした悲劇のヒロインのわりに銅像の風貌はふてぶてしかった。西安に行くと楊貴妃の白い像があるが、想像より遙かに肥っているように。

二例目は吐蕃（チベット）に嫁いだ「文成公主」である。唐の都・長安はチベット軍に降伏した、唐の王家の娘を吐蕃の王、ソンツェンガンポの元に嫁に出した。この文成公主の慈母観音像のような白亜の巨像が青海湖の湖岸に屹立している。彼女も神話化されたのだ。

ヒロインとして文成公主が現代中国に甦り銅像の表情は愁いをたたえているか

に見えたが、よくよく考えると唐王朝も漢族ではなく鮮卑系である。したがって漢族と蕃族の民族団結とはいえなくなるため、中国は「中華民族」なる架空の概念を発明し、歴史教科書を塗り替えてしまったのである。

パンダはチベットのもの、中国はパンダを返せと訴えるのはペマ・ギャルポ氏である。他人のものを外交の武器に勝手に使う。このチベットの偽物も中国では流通している。

「タンカ」はチベットの仏教絵画、曼荼羅の掛け軸など、たいへん高価なのでチベットへ行っても偽物、安物、模造品、まがい物が多い。一番騙されるのは日本人だろう。

ラサへ行った折に大きな曼荼羅を、およそ仏教徒としては考えられないほど行儀悪くして値切りに値切り（相手が漢族だったから）、持ち帰って神田の表装具店でパネルのようにして貰った。恩人の新居祝いのため無理をして買ったのだ。

中国にチェーン展開する珈琲店はスタバが有名。ファストフードもマック、ＫＦＣ、吉野家、味千ラーメンと続く。

「上島珈琲」と聞くと日本人経営と勘違いしそうになるだろう。中国でチェーン展開する「上島珈琲店」は台湾華僑が経営している。これは「偽日本」と言えなくもない。おなじく日本人を連想する「新島」「大島」という珈琲チェーンがあり、料金はいずれも高い。すべて台湾系の華僑が経営する。ちなみにブルーマウンテン1杯は750円ほど。中国の庶民とは無縁の高級品だ。北京郊外にあった偽ディズニーランドは米国の抗議を前に閉鎖した。

上海の表参道と言われる田子坊を小説の舞台の1つに設定して、作家の高樹のぶ子が描いた作品は『甘苦上海《がんくうしゃんはい》』(文春文庫)だ。最新の上海事情をやまのように盛り込んで基本は中年の日本女性の恋愛小説だがチベットの謎の少年が出てくる。その場所が田子坊のチベット民芸店なのである。

当該チベット民芸店を取材した。経営者は漢族、飾ってあるのはチベットの絵画、曼荼羅の掛け軸、彫刻、アクセサリー、民族衣装。とりわけ2階に展示してあったのは仏教画(タンカ)だった。

2階へ上がる空間を利用して空中に吊されたタンカが数点。これらはいずれもチベットで買う値段の4倍から5倍する。最低でも1点が20万円前後。チベット族の売り子に話しかけて、意外や意外、彼女らはミャオ族だった。

チベットの民族衣装に見える刺繍もミャオ族の衣装というではないか。外国人にはチベット族とミャオ族の区別はつくまい。なるほど漢族の経営者なら、こういう商売をやるのかと別な意味で感心した。筆者は冷やかしであり、タンカは見るだけ。曼荼羅の掛け軸は拝むだけ。横町のビアホールで食事をする気もない。あの衛生状態で作った料理はやっぱり食欲がわかないので宿舎へ戻ってから食事した。

15. 雲南紀行

昆明は不思議で、不気味な町だった

最初に雲南省の昆明に降り立ったのは、江沢民時代だった。おりからの「花博」見学がてら、昆明市内と近郊の石林をみた。市内の中央部に小さな湖があり、そのまわりにカフェ、レストラン、土産屋などが蝟集している。一種の観光地だ。その公園の交差点を跨いで8階建ての新築ホテルに宿泊した。当時、昆明のホテルは古い建物が多く、外装が色あせているなかでは、ピカピカに見えた。

昆明ではタイの領事館が一番大きいことが意外だった。そういえば距離的にバンコクは近いのだ。老舗の昆明飯店で民族舞踊ショーがあるというので見に行ったが、ロビィに屯しているチンピラ、ヤクザたち。ソファにふんぞり返って、読書やゲームをする訳でもなく、ぼっーと時間を過ごしている。

この人たちは何ものなのか、たぶん麻薬の運び屋か、それに類するビジネスか、あるいは闇に存在する秘密《ひみつ》カジノの番人かな。

雲南省は中国一のタバコの産地でもあり、芳しい葉が多数のブレンドをつくる。同時に宝石、とくに玉、瑪瑙、ルビーなどの鉱石を産出する地域である。また「少数民族のデパート」とも言われ、多彩なマイノリティの集落が存在している。

昆明に再度行ったときも江沢民の時代だった。各地の奥まで旅行ができるように中国は開放的になったので南のシーサンパンナを見たかった。湖を臨んで開けた大理市や、石材の名産地や少数民族の水掛け祭りが有名な地域である。おりから中年のおじさんたちが観光バスでたくさんきていた。

「この団体は何か」とガイドに聞くと、「文革

少数民族の踊り

時代に下放されて、このあたりの農家に燻っていた世代ですよ。センチメンタル・ジャーニーってところでしょうね」と説明してくれた。雲南省南部も農業地帯だが、温暖な気候に恵まれ、二毛作ができる。

3回目の雲南の旅は、戦跡めぐりとなった。習近平が副主席となって頭角を現した頃だった。「白骨街道」といわれた日本兵の敗走ルートを辿る旅で、なかでも激戦地は拉孟である。同行者は髙山正之、鵜野幸一郎、樋泉克夫らの面々。

ミャンマーとの国境の辺地、煙草の産地にも建設ラッシュと不動産バブルの荒波が押し寄せていた。しかし雲南は山に囲まれ、人口も少ないせいか、凄まじい音響、一種絶叫に似た騒音がなく、建設現場は静かなのである。しかし、着実に工事をしており、山岳地帯ではミャンマーとを結ぶパイプラインの敷設工事をしていた。あれがパイプラインの土管だと教えてくれたのは華僑研究の第一人者、樋泉克夫愛知県立大学名誉教授だった。

上海で乗り換え、雲南省の昆明へひとまず飛んだ。汽車で行くと3日ほどかかる行程である。昆明で1泊し（最初きたときと偶然同じホテルだった）、軍事学校跡地の反日記念館を見学後、もっと奥地、ミャンマー国境地帯を数カ所（芒市、龍陵県そして騰冲）、観察する旅である。黄金週間と重なり、上海空港から各地へ出発する中国人ツアーは、な、なんと1日に27万人強（成田の6倍）、上海駅の1日の乗降客は32万人もいる。このときの海外ツアーの行き先は台湾と北朝鮮が人気。日本の団体ツアーと同様に短時日、近距離である。

雲南省といえば、松茸、色石、そば、茶が有名だが、日本とも仏教関係の交流などで親しみやすく、昆明、大理、麗江、シャングリラへは行った人が多い。石林、龍門などは世界遺産。観光資源に恵まれている。中世を思わせる幻想的な保養地＝麗江は一時期、世界中のヒッピーのたまり場になった。ドミトリーは1泊100円だった。しかし雲南省の西南地方へ行った日本人は稀だろう。

ミャンマー国境への道は古くから茶、宝石な

ミャンマー国境で筆者

どの交易ルートとして栄え、交通の要衝であったにもかかわらず、なぜ日本から観光ツアーが行かないか。

理由はこの地方が大東亜戦争中、蔣援ルートを寸断しようとした日本軍拠点をフライング・タイガーが攻撃し、日本兵三十数万が犠牲になった暗い血の歴史を背負うからだ。いわば陸の「硫黄島」である（詳しくは古山高麗雄の戦争三部作など）。

ただし戦争の事実はきれいさっぱり忘れられている。戦跡の慰霊と鎮魂のことは別稿に譲るが、インパールから長くのびきった兵站を日本軍は支えきれず、騰越、拉孟あたりの戦闘だけでも18万人が死んだ。その日本軍の墓は「倭塚」として残る。この墓の揮毫は李根源（雲南の人で革命元勲、朱徳の僚友）がした。なぜなら李は日本留学組だったからだ。

『地球の歩き方』（2012～13年版）に「騰冲」という観光地の紹介がある。この「騰冲」は現地で「騰越」、もしくは「騰衝」と呼ばれる地方である。そこまで延々と山稜を越え、川を越え、バスで赴いた。はてしなく遠いところだ。

日本の善意は踏みにじられていた

激戦地・拉孟では豪雨となった。

驚きの第一。贖罪意識のある日本軍人の生き残り組と遺族が騰冲の手前にある龍陵県に小学校を寄付した。その白塔小学校に立ち寄ってみると建物ごと民間企業に売却され（もちろん、日本には内緒で）、校庭中央の国旗掲揚塔の礎石に書かれていた「日中友好」の文字はペンキが上塗りされて隠され、事情を知っている中国人がにやにや笑っていた。憤りを超えてユーモアを感じるほどに、中国人の詐術は常套手段、日本の善意はこれほどみごとに踏みにじられていた。

第二の驚きは対照的に「華僑村」（和順村）の静けさ。日本では地理的理由で騰冲のことはあまり知られないが、じつは雲南奥地も「華僑

龍陵の市場

の故郷」なのである。

華僑は大まかに3つに大別される。

「福建華僑」は福建省対岸の台湾、その先のフィリピン、マレーシア、シンガポールへ散った華僑を意味する。李登輝もアキノもリークヮンユーも、この列にはいる。

「広東華僑」というのはクーリー貿易で150年前に米国へ渡った華僑と、その二世、三世を指す。元駐北京米国大使のゲイリー・ロックなどがこの流れである。

雲南省は、宝石、翡翠、瑪瑙、ルビーなど原石を採掘し、陸続きでラオス、タイ、ベトナム、ミャンマーへ出て行って巨富を築いた「雲南華僑」の出身地だ。その本拠地が和順村である。

アメリカ華僑の末裔らが広東省開平にある華僑村の豪邸群をセンチメンタル・ジャーニーのごとくに訪ねるように、アジア華僑の末裔らもツアーを組んで和順村を訪れる。だから和順村一帯は老街を含めて観光村に化けた。

入場料がそれぞれが80元もする図書館や歴史記念館もあるが、華僑記念館にはいると展示もおざなりに翡翠売り場である。

宝石売りが主体の華僑は近年、南アにも進出して財をなし、故郷に豪邸を建てた。屋台の店も多く、売り物は翡翠の首飾り、アクセサリー、腕輪と同じデザインばかりで商売っ気がないのか、積極性に乏しい。環境が豊かでがつがつしないせいだろう（雲南省の翡翠は日本の糸魚川で産出する翡翠とはまったく質がことなる）。

なぜか売り子は「韓国からか？」と聞いてくる。「日本人だ」と回答すると「珍しい、初めて見る」と言われた。

16. 湖南省の奥の奥、フライングタイガー基地跡

毛沢東と劉少奇の生まれた湖南省を一周

湖南省と言えば、毛沢東の生誕地、ライバルだった劉少奇の生誕地でもある。いまや「革命聖地」と評価が変わってテレビでも宣伝され、毛沢東旧居跡には凄まじい観光ラッシュ。バスが数珠のごとくにつらなって恰も巡礼地のごとし。毛沢東バッジから紅衛兵が振りかざした、あの赤い表紙の『毛語録』の古本などが並ぶ売店街にはアーケードが建設され、そのまわりは「毛家料理」のレストランがずらーり。

観光に来るのは9割方が中国人だから、土産話にと、毛沢東レストランで食事をするのだが、よくあんな不味い田舎料理をたべるものよ、と逆に感心してしまう。

この毛沢東旧居跡には小さいけれども睡蓮の浮かぶ池があり、これを前景に旧居を撮影する図柄はカレンダーにもなっていた。

ところで毛沢東旧居から車で30分ほど飛ばすと、劉少奇旧居跡があるのだ。こちらはもっと宏大な敷地に公園が造成されており、劉少奇博物館、記念館、図書資料館。毛沢東よりはるかに立派である。

地元民が、どちらを尊敬しているか、この2つを比較しただけでも明瞭となる。劉少奇は革命後の経済改革を推進し、国民の期待を集めたが、それに嫉妬した毛沢東の策謀によって「売国奴」と罵られ、不遇のなか仆れた。2人に共通するのは豪農の息子だったこと、周囲の貧困をみて育つから社会悪には敏感である。

劉少奇が亡くなったのは河南省の開封である。あるとき、開封市内をあちこちタクシーでま

これが毛沢東レストラン

わっていて、「劉少奇逝去跡地」という看板が目に入った。急遽、タクシーに急ブレーキ。すこしバックしてもらい、その「邸宅」を拝観した。息を引き取るまで酸素ボンベを用意しつつ、有能な医師団が丁重に面倒を見たなどという後知恵の演出をこらした建物が造られていた。そんな美談、信じる人は少ないだろうなぁ。これは芝居のセットではないか、という印象が残った。

さてフライングタイガーのことだ。

大東亜戦争の宣戦布告前から、米国は日本と戦う蔣介石軍を秘かに支援していた。「志願兵」という形で偽装したが、じつは米軍の正式軍人らが「中華民国」空軍パイロットに化けていた。それがフライングタイガーの正体である。

「議会承認なしで戦争の外注化」がフライングタイガーだと比喩したのは近現代史家の渡辺惣樹氏である。

この作戦はルーズベルト大統領が組織化を示唆したのだ。「志願兵」を組織した「隊長格」はシェンノート、彼の中国名は陳納徳。彼の妻はれっきとした中国人で陳香梅という。同じ「陳」姓は偶然の一致？　陳の北京語発音はチェンで、シェンに似ていないことはない。

妻は米国籍をもち、ある目的を持ってシェンノートに近づいた気配が濃厚である。マタハリか、「中国版・くの一」ではなかったのか。病気を理由に退役直前だったシェンノート（当時かれは米国陸軍航空隊少尉に過ぎない）を中核に、蒋介石はアメリカ人パイロットおよそ100名を「中華民国航空隊」への志願兵として招いた。

とくにシェンノートを、「中華民国航空参謀」として特別待遇で迎えた。のちに米国が参戦し、援蒋ルートを担った「志願兵」なる偽装の必要もなくなるのだが、そうした謀略の流れの中で、まんまと米国空軍を抗日戦争に実質的に投入させ、華南の制空権を持っていた日本軍を大混乱に陥れた。だから中国国民党にとって恩人であり、その後、横から政権を簒奪した中国共産党にとっても、フライングタイガーは恩人と高い評価が与えられる。この点ではアメリカのご都合主義歴史解釈に悪のりしている。

昭和13年、日本軍の第11軍は岡村寧次将軍が率い、中支那派遣軍として治安維持にあたった。翌昭和14年、歩兵3個連隊からなる第40師団が発足し、各地で活躍、無敵と言われた。

長沙陥落、衝陽陥落を受けて、日本軍は50万を投じて南下させ、このシェンノートのフライングタイガー基地を壊滅させようと、山道を急いだ。武漢作戦から長沙陥落までも相当な苦労を強いられたが、真珠湾攻撃以後は主力が対米戦線に向けられ、以後は十分な補給も続かないまま、後智慧で言えば日本軍の兵站に大いなる問題があった。実際に長沙、衝陽、常州、益陽会戦のいずれも日本軍が圧倒的に強かった。シナの兵隊は敵ではなかった。しかし制空権がなく、日本軍の行軍途次をシェンノート率いるフライングタイガーの空爆によって叩かれ、最後には「芷江作戦」を中止、日本軍に撤退命令がでるのである。

このため補給がズタズタになって山岳地帯を撤退した日本軍は戦闘死わずか2000弱、飢死ならびに戦病死の合計が2万8000。「シナ大陸のインパール」と呼ばれるほどの夥しい犠牲を出した。

そのフライングタイガー記念館が湖南省の山奥にあると聞いてはいたが、ルー

16．湖南省の奥の奥、フライングタイガー基地跡

トを調べるととてつもなく不便な場所である。近道は広州か、上海から国内線を掴まえて懐化芷江空港まで行くか、貴州省の銅仁空港からバスで5時間ほど。

我が人生において、ここまでは行くことはないだろうと諦めていた。

ある日、飲み会でそんな話題に及んだとき、髙山正之氏が興味を示して「行ってみよう」と衆議一決、現場へ行くことになった。上海から国内線で武漢へ飛び、汽車で長沙へ。いずれも1泊し、さらに日本軍が南下したルートを南岳、衡陽とたどり、5日目にようやく芷江へ辿り着いた。

シェンノートとスティルウェル将軍

シェンノート記念館が別名の「フライングタイガー基地記念館」は中国語で「虎飛行隊」である。これは湖南省懐化市芷江県にある。

飛行場の建設には付近の住民数千を動員して突貫工事だった。現在は旧飛行場に隣接し懐化芷江空港となっている。ローカル便が1日に1便か、2便しか飛んでいない。

山の稜線が厳しく、大雨のあとで道路事情も悪く、付近は湖南省の穀倉地帯といっても農村の過疎化とともに生産には支障がでているようだ。

日本軍との戦闘跡地には「愛国教育基地」が建ってはいるが、地元民どころか中国全土から押し寄せる観光客はまるで興味を惹かないらしい。因みに衡陽市観光協会の出しているパンフレットを見ると戦跡や、愛国教育基地の紹介は稀で、むしろエンタメ、遊び場が写真入りで紹介されている始末。滝、ボート下り、温泉、湖、洞窟、茶畑、お寺などなど……。

記念館は人影もまばら、展示物は例によって反日オンパレードだが、ひときわ目を引くのは、ブッシュ元大統領が訪問したときの写真である。パパ・ブッシュは飛行機乗りだった関係で、フライングタイガー基地に興味を抱いていたのだ。中国はそれを政治宣伝に使っているのである。

日本軍の降伏現場も蝋人形で再現されていたが、展示が妖しい

フライングタイガー基地の近くにもう1つ、日本が最終的に降伏した「抗日受降記念塔（日本の今井武夫と何応欽が出席、降伏文書に署名）」という建物施設

があり、これも反日愛国記念館となっていた。（日本が敗北を認めた）降伏式を蝋人形で再現している。ゆっくりと内部を見学した。若い女性ガイドが案内してくれる。

――日本からわざわざですか？　日本人が来たのは10年ぶりですよ。

――え、宮崎さんは以前に何応欽将軍と会ったことがある？　降伏式の通訳を務めた王武さんとも会った？

……と質問を発するのはむしろガイド側だった。

展示をみて、国民党の評価が正面に副えられてきた変化を見逃さなかった。どの展示室にも蒋介石の肖像画、国民党の旗が飾られているではないか。あの戦争が間違いなく中国国民党と日本との戦争であり、抗日戦争の主体は蒋介石軍であった「歴史的事実」を客観視できるようになったのだ。蒋介石パネルの展示は1985年からの由だった。

だが展示パネルの戦死者比較のところで、引っかかった。戦死者、日本軍2万8000余、「偽軍」2万余。

「この『偽軍』とは誰のことですか？」と若いガイド嬢に故意に聞いてみる。

「偽軍とは中国側です」

「中国軍って当時、国民党でしょ。だから偽軍となる?」

「……」(無言、こんな質問おそらく受けたことがなかったのだろう)。

偽満州国と展示してはばからない中国だから、国民党軍ないし親日派軍閥はいまも「偽軍」。

しかしあの時代は「国共合作」で周恩来もアリバイ証明的に各地の戦線に顔を出していた。


芷江の田舎町で夜、カラオケ店をからかったが、水商売の人々もまるですれていない。というよりさっきまで野良作業をしていたような頬が真っ赤な娘たちが、にわかホステスになったような雰囲気だった。レーザーディスクに収録されていた日本語の歌は、いずれも留学帰りの中国人がつくった海賊版で、たとえば「つじない(つぐない)」、歌詞もすべてがヒラガナ。この町は住民の9割がトン族、北隣の鳳凰はミャオ族が主流である。中国の矛盾を肌で感じる旅となった。

私たちがツアーに雇ったガイドは、そういえばトン族の若い男だったが、その流暢な日本語には舌を巻いた。それでいて日本留学経験はないという。

中国共産党の上からの情報操作、押しつけられた歴史解釈を知識としては知っていても、それがどうした、明日の生活のために、何か裨益するのか。庶民の目はそう語っている。

情報の真偽の確認はインテリジェンスの根幹であり、俗説、逆宣伝、政治宣伝など心理戦争上の巧妙な世論工作が、いまなお、日本の歴史学界、ジャーナリズムに生きていることを我々は片時も忘れてはなるまい。

第四章

生命の否定

——共産主義の病理を巡《めぐ》る

17. ウイグル、チベット

中国の残虐はチベットで顕著に露呈した

チベットのラサへは成都から飛行機で飛んだ。ラサ空港で驚かされたのは大型機が次から次へと中国各地から到着し、観光ブームに沸いていたことである。

空港からラサ市内までは1時間半ほど。渓流や水たまり、でこぼこ道を越えるので四輪駆動でないと安定しない。

ラサ市内であちこちを見たが、要するにチベット族は差別を受けて、ろくな職場がないこと、仏教寺院はありきたりで、とても僧侶たちが真剣に仏典を勉強しているとは思えず、ひどく俗化していたこと。ポタラ宮殿は偉容を誇るが、内部はそこら中に公安デスクがあり、警戒が厳しく、広場ではうっかりすると物乞いがまといつく、それもじつにしつこい。

市内にアメリカ人女性が経営するバアがあって、スコッチを飲んだが、3杯程度では高山病にかかることもなく、最終日にうっかり4杯飲んだら、一晩中頭が痛くて眠れない。嗚呼、これが高山病というやつか、と貴重な体験をした。

ひとことで言うとチベットは完全に漢族の支配下にはいってしまった、表向きの寺院とは無縁の俗世である。知識人も僧侶もほとんどが粛清されたか、外国へ逃げたからだ。


チベットはいかにして侵略され、自由が失われてしまったのか、これまでにも多くが語られた。

ダライ・ラマ法王にはノーベル平和賞が授与され、そのダライ・ラマに感激したハリウッド俳優のリチャード・ギアはチベット仏教徒になった。エディ・マーフィは若き日のダライ・ラマを助ける映画の主演を演じた。ブラッド・ピットはエベレスト登山の冒険野郎が、ダライ・ラマにひかれてゆく物語の映画に主演した。ダライ・ラマが訪米すれば大統領が面談する。わが日本は仏教国であるにも拘わらず、歴代首相が面会したことはない。

日本はいつの間にかサムライ精神を忘却の彼方へ葬り去った。


香港と台湾は過去の出来事に多くを学んだ。とくに香港は『国家安全法』がいずれ言論の自由を封じ込めることになると不安を募らせ、「第二のチベット」か、或いは「第二のウイグル」になるのではないか、不安が増すのも中国共産党がいかなる凶暴性を発揮してきたかを知り尽くしているからだ。

沈黙を続ければ、静かに侵略はすすみ、自由社会は消え、中国共産党の奴隷に転落するという悲劇的な地獄を迎える。

悲劇は繰り返されている。南モンゴル、チベット、そして現在の進行中はウイグル族への血の弾圧だ。


ペマ・ギャルポ『犠牲者120万人　祖国を中国に奪われたチベット人が語る侵略に気づいていない日本人』（ハート出版）の行間にもチベット人の悲劇、その懊悩と悲惨な逃避行のパセティックな思いが滲み出ている。温厚で信仰心篤《あつ》きチベットは中国にあっという間に侵略され、中国に味方する裏切り者も手伝って、120万もの同胞が犠牲となった。ダライ・ラマ法王は決死の覚悟でヒマラヤを越えてインドに亡命政府をつくった。その深い悲しみ、暗澹たる悲哀、血なまぐさい惨劇、しかしこのチベットの教訓こそが、香港、台湾、そして日本がいま直面している危機に直結する。

「日本人よ、中国の属国に陥落し、かれらの奴隷となっても良いのか」とペマ氏は訴える。

チベットは「寛容の国」だった。いや、寛容でありすぎた。それゆえに「寛容の陥穽」に嵌って邪悪な武装組織、つまり中国という暴力団の塊のような、ならず者によって滅ばされた。日本は平和憲法という、寛容な国家の基本法を押しつけられてから75年も経つのに、未だに後生大事に墨守している。それが国を滅ぼす元凶であること、左翼の言う「平和憲法」擁護には騙されてはいけないことをペマさんは力説している。

100万人の強制収容所問題で世界を揺らすウイグルの悲劇もチベットのパターンを踏襲している。

ウイグル自治区で何が起きたか

十数年前に新疆ウイグル自治区を旅し、ウルムチから列車でトルファンへ入った。

途中のハミ駅で熟した瓜を買った。じつに美味い。トルファンでは干しぶどう、これもまた絶品だった。当時、中国で売り出したばかりの「長城」というワインはフランスのワインとまではいかないけれども、なかなか乙な味だった。

江沢民時代の新疆ウイグル自治区は外国人にほぼ全域が開放されていて、かなり自由に写真撮影もできた。

ウルムチやトルファン市内の屋台に溢れる羊肉、皆がイスラム帽をかぶり、女性はスカーフが多かったけれども、顔を隠しているわけでもなかった。観光名所のべゼクリク千仏窟は、いかにイスラムが仏像を破壊したかの廃墟跡を意図的に見せているような気がした。岩だらけの高台には孫悟空ワンダーランドとかのテーマパークもできていた。お笑いである。

ウイグル自治区の各地でコーランの普及率を調べたが、何処にも、それこそ1

カ所にもコーランを売る書店もなければモスクの受付にもなかった。

田舎へ行くとモスクは閉鎖されたところが多く、そのモスクの周囲は物静かで人影もなかった。コーラン販売の監視とモスクの出入りがチェックされている様子は呑み込めた。


2017年頃からエジプト留学から帰国したウイグル族の若者が当局に拘束されて行方を絶った。家族が心配して心当たりを捜したが、杳として行方がしれない。同様な「事件」が頻発していると在日のウイグル人組織が騒ぎだした。

2018年にはドイツやトルコの海外ウイグル人組織が騒ぎ出し、議会が動き、国際団体が調査に乗り出した。ついに国連の人権委員会で取り上げられた。

なかには家族が偽りの電話を強要され、父親が病気とかで外国へ電話をかけて急いで留学先から帰ると、有無を言わせずに強制収容所に放り込まれ、そのまま1年以上。

合計8000名のウイグル族の若者の留学帰りが収容所で「再教育」という名の下に洗脳教育を受けていた。いずれもイスラム圏への留学という共通点があった。もともとウイグル族はイスラム教を篤く信仰してきた。無神論の中国共産党は、それ自体が一神教であるから異教徒は許容できない。

この弾圧の中心人物は陳全国（政治局員）だ。

２０１６年8月29日、陳全国が新疆ウイグル自治区の党委員会書記に任命された。直前まで陳全国はチベット自治区の書記だった。つまりチベット弾圧の責任者だったから、ウイグル自治区にはいっても民衆の弾圧、暴力支配など得意技だった。

陳全国は１９５５年に河南省に生まれた。河南の大学をでて軍隊に入隊し、共産党へ入党して頭角を現し、２０１０年に河北省省長に就任した。異例のスピード出世である。その後、習近平の覚え目出度くチベット書記に栄転した。現在はトップ25の政治局員でもある。

同じ頃、重慶特別市書記だった孫政才が唐突に解任され、新たに陳敏爾が任命された。孫政才の解任理由は「薄熙来の腐敗体質の残滓を重慶市から積極的に排除できず、そのままに旧幹部等をのさばらせ、自らも汚職に励んだ」などとする冤罪だった。要は共産主義青年団の「希望の星」だった孫を潜在的ライバル視してきた習近平にとって、将来の独裁に邪魔になるから排除したに過ぎない。

陳全国も陳敏爾も習近平の子飼い、イエスマン若しくは茶坊主、行政手腕が無能でも、おべんちゃらがうまければ出世街道を驀進できる。阿諛追従の才能だけは秀逸なのだ。下手に理論家だったり戦略論をぶったりすると無学な習近平から逆恨みされるのだ。

ウイグル自治区の悲劇は、このときから一層無惨になった。

２００９年に勃発したウルムチ暴動で、漢族が武器を持って手当たり次第にウイグル族を虐殺し、多くのウイグルの若者は隣のカザフスタンへ逃げた。その数は数万人と言われるが、そのうちの1万人ほどがシリアの軍事訓練基地へ送られ、ＩＳのメンバー入りした。

かれらは漢族への復讐心に燃える。中国の諜報機関はシリア政府、同時にＩＳにも武器を提供して巧妙に近づき、かれらの動向の情報収集に躍起となった。テロリストとして訓練され、中国に帰ってくることを怖れたからだった。

ＩＳをスピンアウトした過激派は「漢族に血の復讐を。中国人を血の川へ投げ込め」などと煽動するヴィデオを作成し、ユーチューブで配信した。びっくり仰天の中国共産党はあらゆる手段を講じてでもウイグル族過激派の撲滅排除に乗り出す。

陳全国は新疆ウイグル自治区の党書記となるや、「宗教活動を厳密に規制し、イスラム文化の表現をやめさせ、辻々には検問所を設け、顔識別とＡＩ機器を駆使して手配者の逮捕を強化し、さらに砂漠に次々と強制収容所を設営し、拷問による改宗を強要した」（『ＴＩＭＥ』、２０１８年8月27日号）。

再教育センターとは監獄である

そうやってイスラムを学んできたウイグルの若者の洗脳教育を始めた。

「改宗」しない者は独房にぶち込み、イスラム教徒が忌み嫌う豚肉を与え、しかも独房の狭い牢獄に3人も5人も入れてストレスを溜めさせる。睡眠不足とし、洗脳の効果をあげようと急いだ。それでも「直らない」ケースでは家族も強制収容所に入れた。出所してすぐに死ぬという悲劇が相次いだ。

米国の偵察衛星が収容所の数が急増していることを突き止めた。また強制収容所ばかりか、再教育センターもつくられ、家族全員のＤＮＡや血液が収集されデータベースに入力された。デジタル全体主義の支配システムである。

トランプ政権はこのような人道に悖る人権無視の民族浄化を黙ってみることはなかった。衛星写真の証拠を楯にして、これを対中政治カードとする。ゲイ・マクドゥーガル国連人権差別撤廃委員は２０１８年８月10日、国連委員会で「２００万人のムスリムが強制収容所で再教育を受けているという報告がある」と爆弾発言した。マクドゥーガルは「なかには髭を貯えていた、ベールを被っていた」などの理由で拘束されているケースも報告されているとし、「ウイグル族の民族的アイデンティティの喪失が目的だ」と中国を非難した。

またウイグル女性は漢族の男性としか結婚できないという規則を強要しているとの情報があり、そうなるとユーゴスラビアでおきた「エスニック・クレンジング」（民族浄化）という悪夢の再来である。あのとき、セルビアは欧米社会から猛烈な非難を浴び、孤立を怖れたセルビア国民はミロセビッチ、カラジッチという民族の英雄を国際法廷に送り込んだ。

中国は国連報告をただちに否定し、「あそこは強制収容所ではない、あれは職業訓練センターであり、ウイグル人の教育向上と雇用機会の増大をはかる目的だ。漢族も収容されている。われわれが警戒して取り締まっているのはテロリスト、分裂主義者、過激な宗教活動家だけだ」などと平然と嘯いた。

これはチベットにおける120万人の無辜の民と僧侶の虐殺を「農奴解放」と言ってのけた嘘（詐術）の適用である（チベットに農奴はいなかった）。

またウイグルの動きに触発されて隣の青海省、四川省、甘粛省、陝西省、寧夏回族自治区などではモスクの監視が厳格化され、とくに後者の回族自治区のモスクは「改修」を詐っての取り壊しが計画されたため信者がモスクに座り込み抗議行動を展開した。

イスラムは国境なき連帯のコミュニティであり、ウイグル族への苛烈な弾圧は口コミを通じて世界のムスリムに拡大した。トルコはこのとき、中国を激しく批判し、旅行制限をだしたほど対立的だった。ムスリムの中国敵視は米国の対中国認識とはレベルの異なる、感情的エトスが含まれているのである。

習近平時代となって強烈なイスラムへの弾圧が強まった。

陳全国の悪名は世界にとどろき、「悪代官」と呼ばれる。収容されているウイグル人は100万人ともいわれるのに、イスラム同胞をかかえる国々は中国の人権抑圧を批判しない。米国も911テロ事件以来、「東トルキスタン解放同盟」を「テロリスト」とうっかり認定してからこれまでは黙りを決め込んできた。

その日和見的態度をがらりと変えたのがトランプ政権だった。

ペンス副大統領が正式にイスラムに言及し、ウイグル族の不当拘束を非難する演説を行ったのは2018年10月だった。2019年7月には日本を含む22カ国が中国政府を批判する声明に署名した。トランプ大統領はウイグル族をふくむ少数民族の代表者をホワイトハウスに招いて実情を聞いた（19年7月17日）。

そして2021年1月、ポンペオ国務長官は中国のウイグル弾圧を「ジェノサイド」と批判した。

しかし奇妙なことにイスラム国家のサウジもエジプトもカザフスタンもトルクメニスタンも、右の署名には応じなかった。イスラム国家とは言え、みな独裁政治であり、おなじ独裁の中国とはたいそう馬が合うのだ。

だからイスラムはテロリストだという中国の嘘宣伝を楯にイスラム同胞への惨い弾圧には目を瞑ってきた。


福島香織『ウイグル人に何が起きているのか』（PHP新書）はウイグルへの突撃取材を試みたルポで、エティガール寺院の現場報告から始めている。

「美しいミナレットが特徴で、一日五回行われる礼拝の時間にはアザーンが流れるとガイドブックには書いてあるのだが、（中略）流れていなかった。寺院の屋根には五星紅旗が翻る。宗教施設に国旗を掲げることは2018年2月以降、義務化されているのだが、これほど不自然な光景もない」

しかも寺院前広場はゴーカートなど子供遊園地に化け、戦車の乗り物もある。目抜き通りを歩くと「路上にはゴミ一つ落ちておらず、清潔だ（中略）が、どこかよそよそしい、この作り話めいた空気は何だろう。青いジャージに赤いネッカチーフの小学生たちが、中国語の童謡を唱いながら歩いていた。ああわかった。テーマパークだ」

タクシーにのっても監視カメラ内蔵のため運転手と会話は弾まず、車内には「社会の秩序を乱してはいけない」などのポスター、どこもかしこにも監視カメラだらけ。

「人々は正直で親切だ。だが、人を含めて全部作り物のようだった。彼らは昔ほど陽気ではなかった」

福島香織さんの観察の目は鋭く、さらに牧畜が行方不明となっている現実をみた。どこにも羊の姿はなかったのだ。町からも村からも消えていた。ウイグルは「巨大な監獄」だった。それも「21世紀で最も残酷な監獄社会」だ。

所内では漢語の強制、豚肉を食べさせ、ウイグル族の文化的背景、イスラム教の影響を抜き取り、漢族風に洗脳する目的だったことは述べた。中国語を教え、中国の法律を叩き込み、そのうえ中国共産党の獅子吼する「愛国」教育を徹底させた。その一方で、縫製、メカニカルエンジニアリングからホテルの清掃のやり方など教育、訓練した。

反抗したウイグル族が相当数、拷問され、収容所内で死亡した。こうした事実はその後、亡命に成功したウイグル族女性によって米国議会の公聴会証言で明らかとなった。米議会は超党派で中国への批判を強めた。

トランプ政権はウイグル弾圧に用いられたとして監視カメラ、顔面識別、ＡＩ技術を製造するハイクビジョンなど中国企業の84社を［ＥＬ］リストに加え取引停止とした。ペンス副大統領の2度に亘る対中批判演説にはこれらの裏付けがあった。

そしてバイデン政権はこのトランプ路線を継承し、中国をジェノサイド国家と認定した。

18．山東省は軍人メンタリティ、山西省は霊峰と仏教信仰

山東省の曲阜は孔子様の生誕地

孔子、孟子が生まれたのは山東省である。孫子もそうである。偉大な哲学者、思想家。軍略家が、あの時代になぜ、しかも集中して山東省に輩出したのかは謎である。ギリシアでもソクラテス、プラトン、アリストテレスらが集中した時代があった。

秦の始皇帝が西のかなた、現在の西安あたりに登場する前、この地は文明の先進地帯であり、言論の自由があった。百家争鳴の面目躍如だった土地だ。

私の最初の山東省行きは儒学の先達、孔子の故郷を見ることが目的だった。

青島まで飛行機、そこから西の済南まで列車に揺られ、長距離バスに乗り換えて南へ。高速道路は開通していたが濃霧発生のため、通行止め。しかたなく下の道路を行くので、途中の泰山で宿泊となった。いま、このルートは新幹線が開通している。

かの「泰山鳴動して鼠一匹」。

ついでだからと泰山に登った。といっても8合目当たりまではバス、それから濃霧の中を4キロほどあるいて山小屋風のロッジ。身体が冷え切ったのですぐに強い酒を所望した。こんな山小屋が人出でごった返しており、ロッジの中にはカラオケも営業しているではないか。

「あ、そうか」。泰山で御来光をみるためなのだ。泰山で日の出を拝むのも悪くないかと思いながら、うっかり痛飲し、午前5時には高いびきで寝ていた。

翌朝、下山し、ようやく杏林のある曲阜へ入った。

さすがに孔子廟には夥しい参詣客、観光客がいる。周囲は土産屋だらけで、杏林とか、孔子というラベルの酒を売っている。内部は石碑が並ぶだけ、神々しい雰囲気がまるでない。聖地という空気も感じない。片隅のコーナーでは孔子七十数代末裔という人が書を書いて売っている。はて、孔子77代末裔は台湾にいるはずだが？（もっとも孔子の末裔を名乗る人は200人ほどいるらしい）。

曲阜には高層ビルがほとんど存在しない。この風景は気が休まる。瓦屋根の木造建築が多く、高くても2階か3階建てで、古代中国へ迷い込んだような奇妙な感覚を持った。家屋に中世の雰囲気があるのだ。

この曲阜から孔子が教えを広めた。孔子廟、孔子府、孔子墓地（孔林）がある。弟子たちがその教えを伝え、後世に儒教が宗教にまでなったときに孔子林が造営された。京都の平安神宮というより日光の東照宮ほどのスペースがある。

杏林というのは孔子の立った教壇が杏の林に囲まれていたところから教育現場の代名詞となり、いまもその石碑が残る。ちなみに薬の「杏林堂」、医学部で有名な杏林大学の名前も、ここに由来する。

しかし2000年後、毛沢東は孔子を否定し、文革時に各地の孔子廟が紅衛兵らの手で破壊された。むしろ孔子廟は日本の湯島（東京）、多久（佐賀県）、長崎のほうが立派ではないか。

物見遊山の「観光」のためか、売店で売られている孔子関連の書物に中国人観光客は見向きもしない。孔子廟でも護符、お守り、絵馬（中国式の絵馬は朱色で小型）、そして線香がよく売れる。いずこも同じ、現世の御利益が大事なのである。というわけで、売店には埃を被った井上靖の『孔子』翻訳版もあったが、手に取る気も起こらず、早々に曲阜に別れを告げて済南に戻った。むしろ印象に残ったのは済南のガイドが言った台詞だ。

「株で儲かりましたね。娘をアメリカ留学にだせました」。中国では中産階級も大挙して株投資に手を出した頃だった。

日本と結び付きが深い山東省だが、その起源は徐福伝説に行き着く。

別の機会に山東省北部、渤海湾に面する煙台の蓬莱市へ向かった。煙台のホテルからミニバスに揺られて1時間半ちょっとの距離だ。

海岸添いに建つ蓬莱閣は秦の始皇帝が不死の薬を求めて訪れた伝説がある。

バスを降りるや悪相のタクシー運転手が、執拗に「乗れ、乗れ」とついてくる。あまりにしつこいので日本語で「うるさい」と怒鳴ったら、ブツブツ言いながら消えた。職を求めて山東省へ流れ込んだ人たちとみた。

駅から徒歩で5分ほど、蓬萊閣が見えた。もっとも内部へ入ると3時間の徒歩コースもあるが、一瞥だけで通り過ぎた。国内および台湾、韓国の客は3時間歩いて不老長寿にあやかろうと懸命だという。

帰りのバスでたまたま横に座ったのが、25歳くらいの女性ガイド。国内旅行専門で、たどたどしい英語を喋る。旅行のことはやたらと詳しいが、蓬萊の工業団地の現状については何ほども知らない。いや関心がないのにも驚かされた。ひっきりなしにかかってくる携帯電話で、会話が途切れる。ともかく最近、国内の旅行団がものすごく多くて忙しくて仕方がないとこぼしていた。誰とでも親しく近づくのは山東省の人びとの特質かもしれない。バスの車窓から眺めた山東省北部の山並みはやさしく、しかも植林に成功したのか、濃い緑が続き心を和ませてくれた。刺々しさのない風景は意外である。

山東省の人々にはいまも儒教の精神が篤実に生き残り、いささか忠義を重んじ、その精神を軽んずるようなよそ者を快く思わない。外面的に粗野に見えるが、内面は柔らか。だが議論をすると激昂する人もいる。

山東人は、ことのほか階級的社会秩序を重視する。だから軍人が多い。山東省出身の軍人には現在の執行部だけをみても、軍委員会副主席の許基亮、国防大臣司令員の魏鳳和、上将の戚建国、上将の王洪堯、上将の宋普選らである。

しかしいまでは中国新世代の価値観が拡散、混沌としてきた。射幸心、物理的欲望の表現は極めて原色的で直截で、カネへの欲望と執着は露骨である。中国のように昔から個人主義、というよりエゴイズムが強い国では、「国がよくなることは国民がよくなる」という日本的信仰はゼロに近い。「国家がどうなろうとも自分さえよければいい」という特質を濃厚にもつ。だからこそ急速に多元化してゆく価値観は、中国社会を紊乱させ、荒々しく混沌とした状況を醸し出した。

3回目の山東省の旅は、青島に飛んだ。青島は国際都市でありエキゾティックだ。

同時に空母を係留する巨大な軍港なのに青島では軍人気質より商人気質が先行する。日本人には省都の済南より青島に人気があり、日本企業も相当数が進出している。なぜならドイツが占領し、青島ビールを残していったように、外国との付き合いが多いからだ。

青島には康有為の故居が残っているので、まず邸宅跡の記念館を訪問した。康有為は戊戌《ぼじゅつ》政変の立て役者、西太后の君側の佞臣に裏切られたため日本に亡命した。孫文が東京の隠れ家を訪ねてもテロリストではないかと懼れて会わなかった。大知識人だった康有為にとって、孫文など「どこぞの馬の骨」くらいの認識だったのだろう。

「康有為故居」は青島市内の中山公園の麓の細い路地を入った高台に建つ古い3階建ての洋館で、応接間、書斎、寝室など当時のままである。中国人見学者はほとんどいない。興味がないからだ。

(日本人がなんで、この人物に興味があるのか。そんな時間があれば海岸へいって海水浴か、洒落たカフェに行くか、買い物にでも出かけりゃいいのに)と行き先を告げたらタクシーの若い運転手はそんな表情をつくった。

山東省北東部の突端、威海市(威海衛のこと)は駅前から繁華街にかけてハングルの看板が目立った。韓国からこの町へ直接行き来するフェリーがあるからだ。海岸付近には釣具屋、プラモデル屋、化粧品、そして韓国ファッション、雑貨の大型ショッピングモール、海岸通りにはパラソルを広げた屋台が百数十、うららかな陽を浴びて客を待っている。

威海にきた目的は沖合の劉公島への渡航だった。じつは、この島が日清戦争の主舞台で、李鴻章の北洋艦隊基地だった重要地点である。海軍司令は丁汝昌。彼の武勇については歴史作家の中村彰彦が日本側の作戦を立案した島村速雄をモデルに『海将伝』（角川文庫）を書いたが、そのなかにも出てくる。

日清戦争の海戦を中国は「甲午戦争」と呼ぶ。1995年に100周年を記念して、劉公島に「甲午戦争記念館」なる反日展示館を建てた。うんざりするほどの反日陳列を眺めたあと、劉公記念館をちょっと覗いて、「北洋艦隊記念館」へ。歴史書を数冊購入するが、一銭もまけてくれない。

「ここは公的機関。まけるなんてとんでもない」と売り子は地元人だが、商売となると漢族根性を発揮する。

砲台跡にずらりと並ぶ海鮮料亭（といってもテント張り）の1軒に入った。

蟹、活魚、あさり、海鮮ラーメン、麦酒（ビール）２本。これで９００円は高いか、安いか。

山東人の店員が周りに集まって日本のことをいろいろと聞いてきた。目が澄んでいて純朴な人ばかり。青島から離れた土地だからか、韓国企業の経済植民地呼ばわりされても、人びとの性格は基本的に変わらない雰囲気があった。

縄文と同世代の文明があった

ホテルからタクシーを雇った。途中で高速道路に何回も入っては降りる。そして、舗装道路が工事中の区間は田圃の畦道、ぬかるみ、はては道なき道を行くことになった。当方が山東省の微細な地図を持参していたが、ひょっとしてこの運転手、道を知らないのではと疑った。その懸念は当たった。

中国人の常套句、「問題ない」というのは額面どおり受け取ってはいけないのだ。「問題ない、まかせとけ」と言うのは彼らの面子であり、実態は問題だらけでもそれをなじると「面子を失った」と言って怒るのである。「問題ない」と言うときは、たいてい「問題だらけ」と思えば間違いない。

ともかく迷いに迷った。午前9時前にホテルを出て、ようやく龍山遺跡に辿り着いたのが11時だった。遺跡の発掘現場は周辺100キロの広さのなかに5、6カ所点在している。龍山文化は紀元前3000年から紀元前1000年に栄えた都市城塞らしき遺跡を誇り、発掘されたなかに黒陶器があった。

著者は古代遺跡の専門家ではないが、下手の横好きで、古代には大いなる興味がある。日本国内でも縄文遺跡はほとんど訪ねた（拙著『神武天皇「以前」』参照）。

寧波に滞在したときも、蒋介石生家跡をもちろん見学したが、なにより興味を惹いたのは、河姆渡《かぼと》遺蹟である。ここは紀元前5000年から4500年頃にかけて栄えた石器文化で農耕の跡が多数見つかっている。龍山も河姆渡遺跡も、わが縄文文明の最盛期の頃に栄えた。前者の記念館は狭くて工事中だった。展示を見て書物を買おうとしたが、売店に書物の類は一切ない。漢族にとって非漢族の高度文明が存在したことを正式にはまだ認めたくないからだろう。後者は大洪水で滅んだため、1973年に発見されるまで土中に埋もれていた。

さて忘れるところだったが、近代中国の諜報機関をつくり上げた謀略家、康生も、毛沢東の第四夫人となった江青も山東省出身である（ところで江青は康生の愛人だった。毛沢東を探れとして送り込まれたのだ）。

山西人は頑固者、自己愛が強く敬虔な仏教徒が顧客重視の行商を育んだ

山東省の西の山々をこえると山西省だ。山西商人は安徽商人と並んでお茶の行商で有名だ。胡錦濤のご先祖も安徽商人だった。

山東省と山西省は五台山という聖地で東西を分ける。だから山の西と東になる。その「山」こそ、聖地「五台山」。高野山を想像するとよい。山西省の位置は河北省の西隣。著者がすぐに思いつくのは古都の大同、太原、平遙の三大都市だ。

聖地・五台山という仏教のサンクチュアリー（聖地）には江沢民も現職時代に2回も登って祈願した。山西料理の名物は刀削麺で日本でも専門店がある。

この山西省からは失脚した薄熙来（重慶書記、政治局員）の父親、薄一波（元副首相）や第18回大会で政治局常務委員入りした辣腕政治家の王岐山らがでた。

五台山の周囲には神々しい名刹、古刹など仏教寺院が林立、画林のようであると文学者は比喩する。

内戦時代、地元の軍閥（山西軍閥）のボス、閻錫山将軍は最後まで共産軍と闘い、日本軍の残留兵士が、この閻軍閥に合流した。地元民の協力もあったため毛沢東は最後まで恨みをもち、残留日本兵を戦後、撫順の刑務所にぶち込んで徹底的な反日の洗脳教育を行った。それが帰国後に中国の政治宣伝を言いふらす「中帰連」である。


山西商人の特性は仏教の影響が強く、山を越えて河北省、北京へと流れる商業ルートを活かしながらも信用第一、薄利多売が根本にあった。

けれども山西省も北の大同あたりへ行くと石炭成金と流れ込んだ労働者が多いため、粗野な人間が多い。大同では宣教師の息子だったミッテラン（のちのフランス大統領）が育ったと言われる。石炭と軍事の町で光景は殺風景である。かつて中露対決時代、この大同には50万の人民解放軍兵士が駐屯していた。

戦国春秋、燕州16カ国、唐王朝末期に見られる戦国の絶頂期に山西省は地形的に高原地帯で水資源が乏しいため、戦略上の攻略拠点だった。だから軍閥が跋扈する世界となったのだ。

さて麓のホテルから五台山へは岩がごつごつと転がった、峻険な崖道をジープで昇り、尻が痛くなるほどのドライブを2時間。ようやくたどり着いた頂上の1つは中台と呼ばれ、立派なチベット寺院が建立されていた。僧侶も、若い修行僧もいて読経していた。このときの私はひどい風邪をひいていた。だが、この聖地から降りるころ、霊気に触れたせいか、咳もやみ、熱が引いていた。自分でも信じられない霊的な体験だった。

省都の太原は日本との仏教交流が深く、お寺が多い町である。

ここで名物の刀削麺をたべたのだが、味がなかった。蛇足ながら太原には日本語を理解する宗教関係者がかなりいる。日本の仏教界と交流が頻繁に行われているからだろう。

19. 大衆とは「ものを考えない人」

文革の悲劇は風化していない

しょっちゅう北京へ通っていた頃、日本人特派員も猛者揃いだった。

産経新聞は古森義久総局長のあとを受けて、のちに『鄧小平秘録』をまとめる伊藤正（元共同通信）が総局長、ここに福島香織、矢板明夫氏らがいた。いまやチャイナウォッチャーで精力的な著作にはげむジャーナリストである。上海支局には河崎眞澄氏がいた。

北京で食事会を伊藤正氏がよく主宰してくれたが、あるときは石平氏、髙山正之氏が加わり、講談社北京副社長だった近藤大介氏が参加したこともあった。またある会合では読売の濱本良一氏（秋田国際教養大学前教授）、日暮高則氏（『こんなに脆い中国共産党』の著者。元時事通信香港特派員）や日本テレビOBの高橋茂男氏（文化学園大学前教授）も、ジェトロの人たちとの食事会に加わるから喧噪なお喋りとなる。

江沢民時代の後期から、胡錦濤の時代まで15年ほどは、日本の新聞特派員は、どこへ行っても臆することなく、かってなお喋りを楽しめた。いま回想すれば、まことによき時代だったと言える。

毎日や朝日の北京特派員とも意見を交換したことがある。一般論だけれども、かれらは本社に記事を送っても、採用にならない情報だとわかっていたら、北京からは送信しない。その分は月刊誌などに匿名の記事を書くのである。ハニートラップに引っかかった特派員も何人かいるが、その連中は自然と周囲に知れ渡るから、寄り合いからはじかれるようになる。それが北京における日本人特派員の、しずかな掟のようなものなのである。

がらりと状況が変わったのは習近平になってからだ。

習近平は自由とか人権とかを怖れるかのように、自由派弁護士を２００名以上も拘束し、民主活動家を一斉検挙し、特派員の監視強化となり、ＮＹタイムズ、ワシントンポスト、ウォールストリートジャーナル、ＢＢＣの特派員らを追い出した。爾来、あつまっても小声で喋るようになった。したがって筆者も２０１３年秋を最後に北京には寄りつかない。習近平政権が終わるまで、たぶん行かないことになるだろう。

全体主義の危機を感じない鈍感な人々が日本には多い。

哲学者のオルテガは大衆を識別し「ものを考えない人」と鋭い譬喩で批判した。こういう種族が社会の多数となると、いつでも全体主義国家へ転落する罠が仕掛けられる。

ホセ・オルテガ・イ・ガセット（１８８３～１９５５）は前世紀半ばまで存命したスペインの哲学者だ。マドリッド生まれ、ドイツへ留学し最初はカント哲学から入った。オルテガが際立って自由主義を鼓吹したのはソビエトのボルシェビキ革命を「野蛮状態への後退」であり、「原始主義」だと本質を突いた批判の鋭さによる。平明に簡潔に全体主義のもつ非人間性の魔性を衝いた。

オルテガは「ロシア革命は人間的な生の開始とは真逆」であり、これを礼賛する無知な大衆は、「欲求のみを抱き、権利だけを主張し、義務のことを考えない」、したがって「自らに義務を課す高貴さを欠如させた人間」であるとし、その中には科学者などのエリートも加えた。

これを日本に当てはめると、それこそ東大教授を筆頭にごろごろいて、名前を書ききれない。進歩的文化人って、退歩的な自称文化人のことだ。自由とは科学的心理ではない。自由とは運命の真理だとオルテガは説いた。

ソルジェニーツィンは「共産主義とはすなわち嘘が不可避的な体制である」と言った。つまり「共産主義とは生命の否定であり、国家の死に至る病」なのである。

現代中国はまさにそれである。

知識人は一斉に欧米に亡命した

百家争鳴、反右派闘争、文化大革命により、次々に政敵を粛清し、およそ6000万人の人民を処断し、そうやって血の海の中から恐怖の政権基盤を固めたのが毛沢東だった。

毛沢東は官僚や知識層を心底嫌悪し、独裁政権の邪魔となる政敵、軍人ばかりか、伝統的な中華の制度や文化を破壊した。ところが毛沢東は中国のすべての紙幣に肖像画が描かれ、天安門広場にはミイラ化した柩が置かれ、英雄といまも崇め奉られている。中国人は根っから独裁者が好きなのかも知れない。

共産革命に軍功のあった9人の将軍らも、用済みとなれば、さっさと左遷するか、獄にぶち込み、冤罪をでっち上げて粛清した。

毛沢東の死後、左遷先から呼び戻される形で「最高実力者」となった鄧小平は共産党総書記と国家主席とを分離し、経済政策の決定権は国務院の専管事項とした。

改革開放が始まり、中国人の目が輝き始めた。

胡錦濤時代、経済政策は温家宝首相に全面的に依存した。集団指導体制が取られたのは毛沢東個人崇拝という独裁の危険さを身に染みて体得したからだった。

独特の中国的社会主義市場経済の実現という実験に鄧小平は取り組んだ。独裁から集団指導体制への移行、すなわち毛沢東時代の否定が行われ、庶民は喜んだ。以降、江沢民、胡錦濤の時代を経てがんじがらめの監視態勢は徐々に緩和されていた。

この期に挟まるのが、1989年6月4日の天安門事件である。民主活動家、知識人が地下ルートを頼りに欧米へ亡命した。魏京生、ウアルカイシ、王丹、柴玲、厳家其らは外国に拠点を置いて中国批判を続行し、石平は日本で言論活動、袁木は豪で、某々は某国で……。

この列に日本で活躍する女流作家も加わってきた。「中国共産党の大罪」を絶対に許さないと中国人の芥川賞作家、楊逸さんの大胆な発言に注目が集まった。楊逸『わが敵「習近平」』（飛鳥新社）がそれだ。日本人作家なら誰もが思っていることであり習近平を悪魔と考えている人が大半だろう。

しかし中国人の発言は決死度がことなる。中国に残された家族や、親戚に累が及ぶ懼れがあるために、言いたくても言えない。無言の抑止力が機能するからだ。多くが沈黙している。あるいは米国へ再度、亡命し、ようやく自由は発言を得られると、民主化運動に邁進できる。日本にはそうした自由が大幅に、目に見えないかたちで制限されている。マスメディアが中国の暴政を正面から批判しないではないか。

しかしハルビン出身の作家、楊逸もついに怒りを爆発させた。香港デモに対する目を覆うような香港警察の血の弾圧、コロナ禍で中国を地獄に陥落させ、同胞人民を殺し続ける共産党政権を、どうしても許せない。自らの幼少期の過酷すぎる下放体験の記憶と、今の苛烈な人権抑圧の状況を重ね合わせながら、楊逸女史は文学者として、日本と世界の人々に、中国における自由と人権の侵害に抗い、状況が改善するよう働きかけてほしいと呼びかけるのである。

2013年3月の全人代で国家主席となった習近平は、官僚的な諸制度や権力の過度な集中を防ぐ機能があった集団指導体制を転換させ、毛沢東時代のような独裁政治を志向する。歴史への逆行である。全体主義独裁への遡行、時代錯誤である。

2017年10月に開催された中国共産党第19回全国代表大会で、習近平国家主席は、「中華民族の偉大なる復興」をスローガンに掲げ、「中華民族が世界の民族の中にそびえ立つ」などと無内容なことを3時間半にわたる演説でやってのけ、隣に座っていた江沢民は不満げに欠伸を繰り返していた。同時に党規約に「習近平思想」が盛り込まれ、カリスマ性も附帯せず、実力を伴わない看板を自らが掲げて悦に入った。

２０１８年3月の全人代では国家主席の任期制限を撤廃、２０２３年以降も続投が可能に組み替えたため知識人や学生の多くが失笑した。

「腐敗撲滅」の美名の下、次世代のリーダーとなりそうな政敵や軍人を次々と失脚させた。最大のライバルとされた薄熙来を皮切りに徐才厚、郭伯雄ら江沢民派軍人を逮捕し（徐才厚は病死、郭伯雄は終身刑）、胡錦濤派だった范長龍ら参謀長（軍事委員会副主席）も逮捕されたという情報も流れたことがあった。

粛清された軍人は将軍クラスで約１００名、幹部クラスで４０００名余り。軍の不満は堆積し、深く沈澱する。

２０２０年のコロナ災禍で、3月の全人代を5月に延期しつつ、香港国家安全法を押しつけて一国両制度を葬り、台湾武力統一を宣言しているのも内部の矛盾をすり替える作業の一環だろう。

全体主義の恐怖政治が中国に復活した。

20. 貴州省、陝西省、広西チワン自治区、寧夏回族自治区などへ

貴州省は陽明学の祖、王陽明のお墓もあるが(※)……

中国のあちこちをほっつき歩いている内に33省すべてを廻ったことに気がついた。

50歳代後半だった。そのあと旧満洲の全域を細かく廻り、還暦を過ぎてからは中国新幹線乗り尽くしをはじめた。途中で古希に近付いていたことにも気がついた。

もっと足腰を鍛えなければと、1日1万歩を日課にしたのは70を過ぎてからだ。

※王陽明の墓と呼ばれる場所は他にもいくつもある。浙江省の紹興市にもある。銅像代わりかもしれない。

乗換拠点として北京、上海、広州はもとより、ハルビン、大連、西安には何回も行った。これらは飛行場に降りて、入国手続きだけで、次の目的地への乗り換えに利用しただけのことが多い。3泊4日とか、6泊7日の旅程をスケジュールの合間に挟み込むので、いつも忙しい旅だった。最長でも19泊20日間の中国旅行はやや長い夏休みを利用した。なにしろ短時日で時間と距離を稼ぐため、航空機と新幹線が主になり、それから長距離バス、ローカルな鉄道、現地でも広い土地で目的地を探すには、どうしてもタクシーを雇うことになった。ホテルは現代のようにスマホやパソコンで予約できる時代ではなく、いきあたりばったりで到着地のバス停の目の前のビジネスホテルが一番多かった。

ここまで書いてきて、漏れているのは河南省、青海省、貴州省、陝西省、広西チワン自治区、寧夏回族自治区などだが、拙著『出身地でわかる中国人』（ＰＨＰ新書）ですべて網羅しているので興味のある読者は参照されたし。

貴州省へはマオタイ酒をのみに行ったのではない。陽明学の開祖、王陽明のお墓もスキップした。では貴州省の何処へ行ったか？　毛沢東の主導権が確立された遵義会議の場所である。見ておきたいと考えたのは、その頃、中国政治論を書いていたからだ。

貴州省の省都は貴陽である。

太陽がめずらしく曇りか雨、つねにじめじめしていて太陽がでると犬が吠える。だからマオタイ酒をつくるのに最適な土地であり、長江支流の赤水河の水を用い、高温多湿な気候環境を利用して、原料のコウリャンなどを蒸し、発酵させ、蒸留。これを繰り返す「九蒸八酵七取酒」で造ったものを、さらに3年以上寝かせる。その後、調整・配合を経て再び寝かせるため、全工程は5年もかかるのである。

その長江は毎年暴れる（長江の支流からマオタイをつくるのだが）。2020年6月の豪雨は重慶の水位が11メートルもあがっていくつかの橋が流れ、中州は孤立状態となった。洪水は下流の貴州省を襲った。貴陽より遵義市内が水浸しになるという自然災害をもたらした。あの遵義会議記念館も低地にあるから、被害を免れなかったのではないか。

それはともかく貴陽からバスで1時間半ほど、バス停からはバイク・タクシーで遵義会議跡地へ行った。昨今は「紅色旅游」とかで、革命聖地を訪れる人が増えたが、筆者が訪問したときは、見学者は4、5名ほどで、土産売り場も閉鎖されていた。めずらしく日差しの強い日だった。写真パネルは黒白のセピア色だが、色あせ、埃をかぶり、「歴史的」と言われた会議室も手入れが悪いのか、埃が机の上などにこびり付いていた。

しかし徳川家康の全訳も売れてます

貴陽空港ロビィにはマオタイ酒のつめ合わせ、贈答用の化粧箱に入ったセットなど、当時でも日本円で10万円くらいだった。日本では田中角栄訪中時に呑まされて酔っぱらったが、爾来、日本でも人気が出て、通販で購入すると小瓶でも3万円ちかい。横道に外れたついでに、貴陽空港の待合いロビィの書店に山岡荘八の『徳川家康』の中国語訳全13巻が、東野圭吾や渡辺淳一より大きなスペースで並んでいた。なんで中国人が徳川家康を読むのか？　長期安定の由来を知りたいからである。

古都西安を見尽くすには1週間滞在が必要

陝西省には古都＝西安（長安）という大観光都市がある。

中国史には欠かせない要衝、いくつかの王朝が興隆し、滅亡した。吐蕃（チベット）が攻めてきたときは陥落寸前となったこともある。

夏は冷房が効いているはずの部屋にいても汗が止まらない。ふとホテルの5階の窓から前の広場をみると、夜中に大群衆があつまって半裸で広場でごろ寝をしている。涼気をもとめて、広場にやってきて茣蓙を敷いて、そこで睡眠するらしい。そのとき宿泊した王城のようなホテルはＡＮＡ経営だったが、その後、中国資本となった。

「あれが夏の西安の風物詩です」と現地ガイドも汗をぬぐいながら言った。

コロナ前、世界中から観光客が引きも切らなかった。あるときは1週間ちかく滞在して、西安市内や西安事件現場、楊貴妃の池、兵馬俑博物館に秦始皇帝陵墓等を詳しく見て歩いた。

これら名所は多くのガイドブック、旅行記が語るところであり、それより日本人観光客がほとんど行かない延安と、黄帝御陵のことにすこし触れたい。いまとなればユーモラスな見聞となった。

中国共産党史がいうところの「長征」は部分的に作り話である。史実と信じて長征のコースをあるいた米国人ジャーナリストのハリソン・ソールズベリーは『長征』（1988年）を書いて、途中の峻嶮な崖地で行き止まりとなったり、「あれは孫悟空が空を飛んでしか行けない旅程だ」と暴露した。ユン・チアンの『真説 毛沢東』は、もっと迫力があって、当時の生き証人にインタビューした箇所は、足が血だらけになった男たちが毛沢東皇帝の籠を担いでいた情景を書き込んでいる。

たどりついた延安で毛沢東が繰り広げたのは、リンチと酒池肉林。そして空爆を怖れての洞窟生活。それも3年にわたって、穴蔵で原始

鄭州から西安に向かう新幹線

的生活を営み、ひたすら隠れていたというのが真実である。

延安は川に沿って細長い街で、巡礼客を当てにしたショッピング街ができていたが、シャッター通りだった。

その延安から南下して、山の中に突如、黄帝陵が出現する。コンクリートの4階建て、黄帝そのものが空想の産物だが、コンクリートの陵墓は現代の建物であり、裏山にのぼると、この石に黄帝が腰掛けたとか、南京大虐殺記念館の偽陳列と同様なインチキ陳列が続くのである。

チベット鉄道の起点は青海省の西寧

青海省ではがらんどうの工業団地をみて、青海湖一周もしたが、特筆しておきたいのは塔爾寺（クンブム・チャムパーリン寺）というチベット仏教の名刹である。

青海湖一周は、ホテルで申し込むと翌朝、ミニバスがやって来た。小太りの若い女性がガイドで、残り15人ほどは全員が中国人。親子連れ、出張族の休暇利用組、得体の知れない3人組など多士済々。ドライバーは眼がとろんとして明らかに酔っていて、運転中も居眠りを始めた。対向車とぶつかりそうになる。「おい、こらっ」と怒鳴ると、路肩に車を寄せて、替わりのドライバーに電話した。

待つこと1時間、フレッシュな若者が代行運転で駆けつけ、そのタクシーで酔っぱらい運転手は西寧へ戻った。このハプニングがあったために車中で偶然一緒になった人たちと会話が弾んだのだ。

「日本の小泉（首相）を日本人はどう思っているの」との質問は、当時首相が九段の靖国に参拝した直後だったからだ。

「日本にも湖はあるか、広さはどれくらいか」などと初歩的な質問もされたが、あれだけの愛国教育を受けていても、反日に固まった人は稀で、率直な印象として、彼らは日本に憧れを抱いていることが、その会話、その態度からもひしひしと伝わってきた。

さて名刹・塔爾寺は、ポタラ宮殿と比べると監視の目はゆるく、宗教図書をちゃんと売っているし、僧坊には若い修行僧が固まって給食をとっていた。敷地は広く、寺の中に河が流れている。チャーターしたタクシーに同乗してきたのは前日に青海湖を一周した得体の知れない3人組で、なにか建築現場の監督風、日本のヤクザ映画にでてくる組頭のようでもあり、がっしりした体つきで、河南省の開封からやってきたと言う。

「あなた方も仏教徒ですか?」という筆者の質問に、

「いや、仏教徒じゃないけど、病気快癒祈祷には行くよ」

「中国は共産主義で無神論のはずなのに、各地に仏教寺院が多くあるのは何故か?」

「そんなこと考えてみたことないよ。あんたのお陰で、西寧にこんな立派なお寺があることを知ったけど、日本の寺々とは、どこがどういう風に違うのか?」

(そりゃ、信心の度合いが違う)と言いかけて止めにした。宗教用語となると、筆談になっても理解しがたくなるからだ。

それから西寧のアクセスの悪さを話し合ったが、数年も経ずして、西寧からチベットのラサへ青蔵鉄道がつながった。いまでは西寧から東は蘭州へ、北西へ向かうと河西回廊から酒泉、ハミ、ウルムチ、そして新疆ウイグルの奥地イーニンまで新幹線がつながっている。おどろくほどの迅速さである。

静寂な環境の名刹をあとに筆者は西寧市内には戻らず、山の中腹にある空港へ向かい、そこから寧夏回族自治区の銀川へ飛ぶことにした。なぜ、距離も方向も異なる、あべこべなコースを辿るかといえば、そのころは全33省のうち、未踏の場所をパズルをとくようにとびとびに訪問していたからだった。

砂漠のオアシス銀川の粗野な人々

砂漠のど真ん中、黄河はオメガのようなかたちに流れて起伏の緩やかな場所にキャラバン隊は駱駝を休息させ、自らも保養する旅館街を兼ねたオアシス都市をつくる。

銀川は、まさにそのような場所に位置し、砂嵐が凄まじく、じつに荒んだ街である。この街に24階建ての高層ビルが1軒、上空から見えた。小型機はカナダのボンバルディア機で、24人乗り。客室乗務員は長身の美人だった。高層ビルはホテルだった。

今晩はあそこに宿泊しようと決めた（いまはホリディインもケンピンスキーも

銀川に進出し、摩天楼も増えて見違えるような街に変貌した)。

当時、空港からのタクシーは地元のヤクザが縄張りを仕切っていた。筆者が乗ろうとした気の弱そうな運転手は、ヤクザ運転手というより雲助に排斥された。

しかたなく銀川の雲助タクシーに乗ると、客であるわたしに断りもなく、友人を勝手に助手席に同乗させ、しかもその友人を先に迂回して降ろした。このようなマナーの悪さにいちいち怒っていては始まらない。ここは中国なのだ。そういうやり方は普遍的であり野蛮であり野卑だが、マナーを教わったことのない遊牧民の末裔たちにおいては先進文明国のしきたりなどどうでも良いことであり、友人を助けるのが一番大事なのである。

……と言っている内に高層ホテルについて、チップを渡さずメーターだけの料金を支払った。部屋は入るなりの驚きは道路側の全面がガラス張りで、20階下の道路が足下に迫り、高所恐怖症でないが、ガラスが割れて、ガムテープでとめているだけ。物騒な、無遠慮な建築思想を呪った。

銀川観光の目玉は西夏王宮跡、承天寺、海宝塔など。しかしこの街で猛然と見たかったのは西夏文字、その拓本を入手することだった。

西夏文字を英語では「タングーツ・キャラクター」というように西夏王朝（1032〜1227）はタングーツ族が建国した。

西夏文字は6000の文字からなり、今世紀、ロシアのニコライ・ネフスキーや日本の西田龍雄によって、1960年代にようやく解読がなされた。面白いのは「蚩（小虫）」が中国人をあらわしていることである。古代中国が日本を「倭」とさげずんだような呼称である。タングーツはチベット系で、吐蕃（チベット）と敵対したり、ときに同盟したり、鮮卑とも敵対し、青海省、四川省から東へ移動してきたらしい。漢字と、それを作った漢族を強く意識して作成されたと言われる。

どの寺か忘れたが、お寺の境内の売店に拓本があった。50元（750円）という。相手の顔を見たが、値引きに応じる気配はない。ともかく一枚をもとめ、帰国してから神田の専門店で表装してもらった。その表装代金は額縁も入れて2万円だった。拙宅に飾るのではなく友人の新居祝いのインテリア用だった。

コロナ災禍が収束し、習近平政権が終われば、暴走老人はまたまた中国へ、早朝特急に乗って奥地へ向かう予定を立てている。

あとがき

啓文社会長　比留間 誠司

旅は道連れ世は情け。宮崎さんと旅したのもずいぶん昔だったような気がする。普通の旅ではなかなか難しい虎頭要塞。宮崎さんは拉孟《らもう》・騰越《とうえつ》、青蔵鉄道に乗ってチベットへの旅など「地球の歩き方」には決して出てこない旅をしている。密教の至玉、憧れのチベット。青蔵鉄道再訪の機会があれば同行したいと申し出たのだが、最早実現不可能となってしまった。今のシナには入国はできるだろうが、全土に張りめぐらされた監視カメラ、会話もメールもすべて盗聴されている状態では国安法で逮捕・投獄されるのが、目に見えている。香港に出向いたのは3年ほど前だが、今はシナ本土と同様の危険地帯となった。香港は金融で成り立っている。オフショアー市場だからだ。人民元は管理通貨であり唯一の例外が香港のオフショアー市場となっている。これがすべてシナの管理下に置かれればそれはオフショアーでなくなる。つまり香港の金融市場としての価値が消し飛んでしまう。人民元と香港ドルの為替には注目が集まる。

宮崎さんは語学力に異彩を放つ。フォード元大統領を招いた委員会の広報委員など米英語は流暢。ロシア語も話す。シナ語は通訳不要。聞いたところ通信講座を聞いて、後はシナで使いながら覚えたという。そういえば満洲の旅で旅行業者がつけたシナ人通訳が面白いことを言っていた。我々の旅は要求されるものが特にない。やれ一等車を用意しろ！　赤絨毯を引け！　車はリムジン！　通訳はかなりの歳月を過ごしたが、こんな要求ばかりだったとのこと。

日中友好時代の代表団はこんなものだったことがうかがえる。ただ、現地で線香を立て鈴を鳴らし読経しようとすると止める。明日から食えなくなってしまいますと懇願された。これでは戦地歴訪、追悼の旅ができなくなってしまう。しょうがないので線香の代わりに煙草を2本立てて読経した。経本は見なくても短い経は体の構成要素になっている。大体がして漢字の音読みではシナ人には何が何だか分からない。

もはや再訪問できないシナ全省制覇。ノモンハン事変の現場から、ハルビン駅の伊藤博文銅像、チベットまで。ノリ鉄ではないが移動は基本電車。表紙の切符からして旅をしている。想像しているだけでワクワクする。本書は旅したくてもできない禁断の地への憧憬を掻き立ててくれる。恐ろしいという感情のない人は辿って旅をしてください。あくまでも自己責任です。間違っても写真に収めようとしないでください。スマホの中も監視されます。軍事施設でも写そうものなら……

良い旅をお祈りします。私は本書の中で想像の旅をすることといたしましょう。

宮崎正弘（みやざき・まさひろ）

評論家、作家。昭和21年金沢生まれ。早稲田大学中退。「日本学生新聞」編集長、雑誌『浪曼』企画室長を経て、貿易会社を経営。82年『もうひとつの資源戦争』（講談社）で論壇へ。国際政治、経済の舞台裏を独自の情報で解析する評論やルポルタージュに定評があり、同時に中国ウォッチャーの第一人者として健筆を振るう。

中国に関する著作は五冊が中国語に翻訳されている。代表作に『拉致』（徳間文庫）『中国大分裂』（文藝春秋）『出身地で分かる中国人』（PHP新書）。

文藝評論家としては三島由紀夫を論じた『三島由紀夫「以後」』、『三島由紀夫の現場』（並木書房）、三島由紀夫研究会との共著に『憂国忌の五十年』（啓文社書房）。

最新作は『中国解体2021 日本人のための脱チャイナ入門』（徳間書店）など。

日本人が知らない　本当の路地裏中国
——乗って歩いた！　全33省旅遊記

■発行日　令和3年7月31日　初版第一刷発行
■著者　宮崎正弘
■発行者　漆原亮太
■発行所　啓文社書房
〒160-0022　東京都新宿区新宿1-29-14　パレ・ドール新宿7階
電話03-6709-8872
■発売所　啓文社
■装丁·DTP　関谷和美
■印刷·製本　光邦

ISBN 978-4-89992-076-2　C0030　Printed in Japan